理解他者　理解自己

也
人
——————
The Other

难免痛苦，
"待"着就好

一名新手心理医生的笑泪照护手记

[日] 东畑开人 著
胡文海 译 吉琛佳 校

上海书店出版社
SHANGHAI BOOKSTORE PUBLISHING HOUSE

照护他者　照护自己

"早上好。"

"嗯。"

"今天也好热呀。"

"嗯。"

"香烟滋味如何?"

"嗯。"

"今天这是第几根了?"

"嗯。"

"室主"话不多。不仅如此,他一直重复着几个极其简短的词语。

闭着嘴巴也能发出的"嗯"。他只轻轻地发出这样的声音。

这是"室主"唯一的言语。

这儿是吸烟室。

因为在卫生间旁边,散发着潮乎乎的濡湿气息。外面的光照不进来,整个空间昏暗阴晦。

卫生间的臭味、除臭剂味、浓重的烟味混杂一体,令人难以呼吸。

"室主"从早到晚都坐在这儿，一直抽着一款叫"砂砾岛"的香烟。这种烟是冲绳本地的老牌子，三级品。

他一天能抽三盒这种便宜烟。

所以说他是吸烟室的"室主"。

"这样就可以了吗?"

声音。和往常一样的声音。

我也点上了根烟，是牌子叫做"Kent1"的香烟。

因为里面的焦油量只有 1 毫克，所以抽起来十分细腻醇和。

"室主"抽着"砂砾岛"，我抽着"Kent1"。

没有可做之事，也不知道做什么好，因为没有地方可去，只是为了打发时间才躲在这里抽烟。

肺承受着沉重压力。

不知道是不是被大量二手烟熏的，"室主"的脸似被熏烤过一般。

他的皮肤干燥，表情僵硬。瞳孔上好像覆了一层膜，没有光彩。这是精神分裂症患者独有的眼神。

他的一双眼睛直勾勾地看着空气净化器。哦不，可能是被空虚吸引了视线。

我想如果有人在街上见到他，肯定会感到害怕的吧。

但说真的，"室主"很温柔。

他不会把一根烟完整抽完，每次都是剩一点的时候就掐灭。

然后把烟头递给等在一旁的康夫。

"室主"有生活保障金可以买烟，但康夫的钱被家里人管着，自己没钱买烟。

因此，"室主"故意留下一点就掐灭。

"谢谢。"康夫小声道谢，然后接过烟头点上火抽了起来。

"嗯。""室主"也重新点了根烟。

"这样就可以了吗？这样做有意义吗？"

"哎呀，眼前的景象不是很温柔吗？"我想这么说，但我不知道这样是否就够了。

"室主"继续抽着烟。不洗澡、不洗衣服，偶尔还会失禁的"室主"身上总是带着一股浓烈的气味。

我目不转睛地盯着"室主"。

我的衬衫也染上了"砂砾岛"的难闻气味。

因为无事可做，时间停滞不前。不仅是肺，时间也变得沉重起来。

我们被淹没在毫无意义的时间里。

为了让时间流动起来，我向"室主"提议："要试试换一下烟吗？"

"室主"将笼罩着阴霾的双眼转向我，一脸不可思议。稍稍考虑了一下后，他点了点头。

"嗯。"

"室主"拿出一根"砂砾岛"递给了我。

我把一根"Kent1"递给了"室主"，这是我用陪伴"室主"获得的报酬买的。

我点上了"砂砾岛"，试着吸了一口。

像把老房子烧着了一样的刺鼻气味和像铁一样厚重的焦油瞬间涌入我的肺中。我被呛到了。

"咳咳……"

咳嗽停不下来。

"嗯。"

"室主"瞪着"Kent1"，点上火，吸了一口。

接下来的一瞬间他愣住了。他好像对这种口感细腻的烟很失望。

"室主"百无聊赖地随便吐了几口烟就迅速将之掐灭，递给了康夫。

"谢谢。"

康夫把烟放进口袋，里面已经鼓鼓的了。

像死神一样的"砂砾岛"很刺鼻，我虽然也想立刻掐灭它，但还是强忍着继续抽了起来。

"室主"又点了一根"砂砾岛"，陷入无限循环式的吸烟环节。

我们就这样抽着烟，打发着时间。

吸烟室被笼罩在一片寂静之中。

"嗯。"

留存在吸烟室里的只有最简短的言语和最简单的生活。

"这样就可以了吗？这样做有意义吗？"

面对无法回答的问题时，我会先放弃作答。

"不知道，仅仅待着就很痛苦。"

但是，这个声音并没有停止询问。

"这样就可以了吗？这样做有意义吗？"

是的，本书中的故事就是围绕威胁"待"着的声音和守护"待"着的声音而展开的。

目　录

Chapter 1
照护与治疗

掉进兔子洞

博士就业的骨太方针[1]

第一条　　心理咨询为主的工作
第二条　　足够养家糊口的薪水
第三条　　不限工作地域

这是 2009 年的年关，极具骨气的博士在即将迈入二十七岁之际，定下的第一个就业方针。

二十七岁，是高杉晋作逝世的年纪。在这位幕末时期的志士燃尽生命的年纪，我可算是踏上了求职道路。虽说是晚了点，也可谓是万事俱备，以最佳状态踏入社会了吧。

想来，那段时间称得上是我人生的"鼎盛时期"。因为熬过了本科四年、大学院五年的艰苦学习生涯，我总算成了一名博士。没错，我终于写完了学位论文，获得了博士称号。

"将来不是变成博士，就是成为大臣吧?"[2] 这是一句我一直想要大声诵读的寄语。在大学院阶段，我常把这句话挂在嘴边。不管是深夜一个人在研究室写论文的时候，还是跑到外面抽烟的时候，抑或是一边小便一边放空的时候，我经常会自言自语

1　骨太方针一般指经济财政运营和改革的基本方针，此处指作者就业的基本方针。
2　过去日本居民用以表达对儿童未来殷切期望的寄语，现在几乎没有人使用了。

道："将来不是变成博士，就是成为大臣吧？"

如今终于抵达了那个"将来"，又怎会提不起兴致呢？无论怎么说，我可是完成了如当上大臣一般的伟业。这种心情就像是涅槃、千禧年和"大震撼"[1]（Deep Impact）同时到来一般，令人激动。

即便如此，完成了涅槃的鼎盛期博士，也是不得不去求职的。从此再也不能赖在大学院里，必须为自己的人生开拓新天地了。好不容易到达了"最后"，但人生才刚刚开始。这便是所谓的"life goes on"吧。

我身边的正经博士们，也都悄然开始在求职上各显神通了：依赖导师的一些门路，或是挑战社会招聘。不过，大家基本都是把大学老师及研究员这些和学术相关的职位作为首要目标。

这也是理所当然的，通常不会有人通过了司法考试却去应聘厨师，也不会有人拿到厨师证以后等着被职业足球俱乐部录取。拿到了博士学位，走学术道路便是王道，或者说这就是博士之道吧。

但是，我不一样。我已经下定决心要去医院工作。我学习的是临床心理学这门给人提供心理援助的知识。我常常觉得拿到这个专业的博士学位，不去现场实践，年纪轻轻就在大学教书，简直就是一种堕落。我打心底里认为真正的临床心理学学

---

1 "大震撼"指彗星撞击地球。

生，就应该在咨询室而不是研究室里工作。

没有比处于鼎盛期更可怕的事情了。整日沉醉在学位论文的撰写之中，我已经彻头彻尾变成了一个临床心理学的教条主义者。周围的人对看不清现实的我冷眼以待，恩师和其他亲友劝我在大学里就职。

"真的还是在大学里比较好，人生还很长啊。"

然而，对于这些充满了智慧和经验的逆耳忠言，我一概置若罔闻。

"老子要成为一流的心理咨询师，在临床心理学上登峰造极。"

沉醉在完成涅槃的喜悦中的鼎盛期博士，像怒吼的雄狮一般，开启了他的求职之路。

搁浅于雇佣形式

走吧，启航。虽然我尝试远航，但刚一出海，便立即触礁搁浅。

我一开始求职，就发现完全找不到工作。不，也不能说没有工作。用谷歌检索"临床心理医生招聘"的话，会涌现出遍布全国各地的大量工作招聘信息。所以，工作本身是有的。但是它们有两点无法满足我的骨太方针。

招聘信息大多数都是在找"临时工"，时薪达到 1 500 日元已经是很不错的了，大多数都只有 1 000 日元左右。有时也会有

"长期工"的招聘信息，但是基本月薪都不足 20 万日元。

"怎么能这样！完全无法生活呀！"

我当时已经结婚，而且都有小孩了，光用来维持生计的花销就不可小觑。可是，所有的招聘都无法满足骨太方针的第二条，即"足够养家糊口的薪水"。对此，我甚是无语。

在我还是高中生的时候，临床心理医生是极为热门的职业，大家都说"接下来是'心'的时代，当个心理咨询师肯定不会饿肚子"。而我总会对现实的残酷视若无睹，真心以为"哦哦，那我不就是人生赢家了"，结果事与愿违。

事情变成这样是因为临床心理医生热潮下持有心理咨询师资格的人大量涌现，还是因为心理援助本身存在问题，那时的我并不清楚。总而言之，临床心理医生是高学历、低收入工作群体的真实代表。

啊，本科四年，大学院五年，直至取得博士学位，教育投资达到极限，承担着天文数字般的巨额学费贷款，结果得到的是时薪仅有 1 400 日元的工作。这都是什么事啊，还不如大学一年级在培训机构打工代课赚得多。

偶尔也会有可以维持生计的工作。但它们又违反了骨太方针的第一条"心理咨询为主的工作"。

浏览薪水还不错的招聘内容，要么是精神病院的团体治疗，要么是心理检查，主要都是心理咨询以外的业务。除了医院，也有福利机构或教育部门相关的招聘信息，但主要业务都不是心理咨询。

这是我绝不能让步的底线。无论如何我都想从事心理咨询类的工作。既不是心理检查，也不是团体治疗，而是于密室中进行的一对一心理咨询工作。

更为严谨地说，我是想从事心理治疗工作。

照护与治疗

"心理咨询"一词耳熟能详。也许大家对心理咨询的一般理解是，温和的心理咨询师亲切聆听患者的话语，以此抚慰患者的心灵。因此，也有人觉得"仅靠亲切聆听就能解决问题吗?"，继而对心理咨询嗤之以鼻。

但是我学到的与上述一般认知不同。心理咨询形式多样，而我硕博期间就读的大学是"心理动力学疗法"学派的根据地。在此我接受了被称为"治疗"或"心理治疗"的专业性极高的心理援助训练。

像弗洛伊德、荣格这些出现在思想品德教材里的名字，想必大家都不陌生。我所学的便是以他们的学说为代表的"深层心理学"专业。用极简单的话来说，深层心理学认为，人的内心是"无意识"的，人正是因为被不是自己的自己支配而变得复杂。

确实，人的内心深处存在着自己无法掌控的东西，心理治疗就是为了让我们直面、端详自己的内心深处，抚慰受过创伤的地方，正视自己不愿面对的欲望。与仅仅亲切聆听对方话语的温柔的心理咨询不同，心理治疗是让患者与自身倍感痛苦的地方交手过招。如此，加深对自身的理解，从而寻求改变。

我接受过心理治疗的训练，并为之着迷。随着两个人在密室中的交谈不断深入，不显露于表面而隐藏于内心深处的东西会浮出水面。通过谈论令人费解的症状、梦境，或者患者过去的经历，可以窥见乍一看不明所以的事件背后隐藏的完整明了的故事情节。我在大学院中遇到的老师们，致力于实践这种可以触碰到患者内心深处的心理治疗。这样的实践极具魅力，因此我也想从事相关工作。

但是，心理治疗在心理医生的工作中并非主要部分。不，不仅如此，它甚至是更小的部分。虽然这可能会让有志于此的年轻人大吃一惊，但心理医生的主要工作确实不是心理治疗，而是心理照护。

心理照护，这是与日常生活紧密相关的援助形式。如果说心理治疗是在设定好的非日常时间和空间中，致力于挖掘患者内心的工作，心理照护就是帮助患者解决日常生活中遇到的各种各样的困难。因此，可以说心理照护并非挖掘深层，而是完善表层。

我之前也从事过心理照护的工作。比如，我之前担任过小学的"心灵谈话员"。职务名中有"谈话"两字，看起来类似心理咨询的工作，但其实并非如此。

这个工作的内容说白了，就是跟没办法待在班级里的学生一起，在别的房间里共度时光。

但其中也有诸多心灵交流的机会。在与学生一起写作业、一起玩耍的过程中，让孩子们寻回安全感，得以稳定身心进而回归班级，我的工作主要就是这样的事情。

毋庸置疑，这也是极具意义的工作。不过，对我而言，这归根结底还是仅限于与日常层面打交道，和触碰内心深处有些不同。换句话说，我有时会觉得这样的工作就和照顾孩子如出一辙，不够专业。

实际上这个工作时薪只有 1 000 日元，从业人员大多是刚刚开始接受专业训练的年轻人，甚至还混杂一部分纯粹的外行（例如，当地的大叔、大婶）。他们确实为孩子们提供了帮助，但对于立志成为专业人士的我而言则有些索然无味。

我想从事专业性更强的工作，不是心理照护而是心理治疗。在做上述工作的时候，我的内心不断涌现这样的欲求。

我也认为，心理治疗高于心理照护。

实际上，在大学院期间，随着年级的提升，介绍给我和同学的工作也逐渐从团体照护变为在密室中进行的一对一的治疗。那时，我们感到被委派了更具难度的任务，觉得自身在成长。

虽然照护相关的工作在社会上更多，但是我想从事治疗相关的工作。我想应对非日常的东西，成为一名抚慰患者内心的治疗者。我想要熟练掌握心理治疗的技能。因此，我不想在大学教书，而想在医院进行临床实践。这一期望一直萦绕在我心中。

深夜会议

不知该说我是志向高远还是十分任性，虽然为自己的理想奋斗拼搏难能可贵，但我仍旧找不到工作。

每晚我都徘徊于网络之中。如同阿里巴巴大喊"芝麻开门"一样，我也对着谷歌高喊"临床心理医生招聘！""心理咨询师招募！"。但是，与阿里巴巴不同，我面前的大门并未开启。

我早就过了读完博士的鼎盛时期。面对残酷无情的现实——既无正式录用也无心理治疗，我一直以来的自尊心日渐崩塌。我的孩子对于父亲正逐渐沉陷于社会黑洞之中的境遇全然不察，睡得十分香甜。每夜抚摩着孩子的脸，我泪眼婆娑。如此，我的体内逐渐涌现邪恶气息。

我不禁绝望地自叹"人世间过于严酷，我肯定一直都会是一位无业博士了"，也会诅咒学院"去他的京都大学博士，连能养活家人的工作都找不到，临床心理学应该只有大学老师自己从中获利吧"。同时，我会陷入深深的自责之中，感叹"在大学待了九年，连一个就职的关系门路都没有，我真的是一个任性的蠢货"。负面情绪频繁攻击自己和他人。

但临床心理学之神没有抛下我。

2010 年正月，京都冰天雪地的夜里，我一如既往面对谷歌大喊着"临床心理医生招聘！""心理咨询师招募！"。突然，神灵的启示和眷顾降临了。

笔记本电脑上弹出一条这样的招聘信息："精神科诊所专职临床心理医生招聘　条件：月薪 25 万日元（含资格证补贴），六个月奖金（依情况而变）"。

月薪 25 万日元，六个月奖金。

这是怎么回事，闻所未闻的优厚待遇。这家诊所莫不是院子里冒出石油了吧。由于过于激动震惊，我坐不安席，开始在房间中来回踱步。

"冷静，"骨太方针第二条"足够养家糊口的薪水"先生（性格比较酷）突然对我说道，"你先算算看，这些薪资是否够你养活家人。"

"闭嘴，"我对着二条先生大喊一声，"不需要计算。"

是的，确实无须计算。月薪 25 万日元加六个月奖金，对于以清贫为座右铭、致力于学问的临床心理医生来说，简直就是只要不每天都开香槟，就绝对花不完的天文数字。足够了。毋庸置疑，绝对足够生活。不，不仅如此，或许每个月还可以喝一次香槟。我看着"六个月奖金"这一行字，忍不住想要念出声来，心中兴奋不已。仔细一看，二条先生也在呵呵微笑。

这时，骨太方针第一条"心理咨询为主的工作"先生（热血纯情型）开口了。"喂喂，结果还是钱呗。真可悲。想要赚钱的话，别读大学院，直接去国际公司就职不就好了？"

我沉默着移动鼠标，划动电脑画面。业务内容跃入眼帘。

"业务内容：心理咨询工作占70%，日间照护占20%，另包含其他杂务。"

"哦哦哦……"一条先生此时也闭上了嘴，"这……"

外面夜已深了，寒气冻结了窗户，但是我的内心却燃烧了起来。就是这个，终于找到了。招聘正式员工且可以从事心理治疗。这份工作非常适合野心勃勃的博士。这也是一条先生和二条先生都无从挑剔的完美职务。我的鼎盛时刻回来了。

于是，我点击了招聘信息中列明的网址，进入了该诊所的主页，跳转到"登录"界面。在诸多信息中不断冲浪，我好不容易找到诊所地址。

什么？竟然在冲绳。

"咦？"我一下呆住，踌躇不决，"会不会太远了？"

我出生于东京，由于中考失利进入了神奈川县的一所中学，大学又去了京都。一路向西，一路向西，毫无同情心的亲戚笑称我为"西行法师"[1]。接下来要去冲绳？若以这个速度继续西行，怕很快就会抵达天竺了吧。

无论如何，冲绳都太远了。一个熟人也没有，又不毗连陆地（本州），若有急事，怕是连父母最后一眼都见不到。最关键

1　西行法师即佐藤义清（1118—1190），日本平安末期、镰仓初期的僧侣，著名和歌师。此处的外号借用了其法号。

12

的还是过于远离学术中心，既不能接触到前沿研究，也不能与同好探讨，成不了一个正宗的心理治疗大师。对像我这样一个自命不凡的人来说，别说什么深层心理学了，搞不好会变成一个满口前世、守护天使之类的江湖博士。

"这个真的是没有缘分呀，没办法，"我正打算悄悄关闭浏览器，突然耳边传来了骨太方针第三条"不限工作地域"先生（毒舌之徒）的声音。

"唉，因为地域而放弃呀，"三条先生装作一本正经地喋喋不休道，"连自己立的誓言都坚守不了啊。从前我就一直觉得，你是一个高不成、低不就的自私之人。"

我一下怒火中烧。不过就是个骨太方针，居然敢批判我容易不守承诺的秉性，这绝不能忍。于是，我喊道："胡说八道！男人一言既出，驷马难追。我这就做。"

"哦哦哦，真不错，"骨太方针先生们拍手喝彩，起立鼓掌，"博士真棒，真了不起！"

我们四人互相握手，暗自放下心来。"趁此机会，只要脱离无业游民的状况怎样都好""正是如此""我刚还想会怎么选择呢""哦，很好很好"。

掉进兔子洞

接下来的事情一气呵成。一旦决定下来，我会迅速行动。我的状况也瞬息发生了变化。

我光速做好简历并投递，收到面试通知后，马上预定廉价航班，飞往冲绳接受面试，面试完又立即折返。收到录用通知之后，我高兴地说了句"谢谢"，再次乘坐廉价航班立刻飞往冲绳，租下了单轨电车奥武山公园站旁边的公寓后，又随即折返京都。我想要善始善终，不给别人留下任何麻烦，但可能还是有些手忙脚乱。总之，在参加完学位授予仪式、拿到学位后，我退掉了在京都租住的破旧公寓，购买了单程机票，飞往了冲绳的那霸机场。

简直就和兔子洞一样。如同爱丽丝追逐着匆忙赶路的兔子，倒头栽入了神奇的国度一般，我也是掉入了网上突然裂开的兔子洞中。

但是，当时的我丝毫没有意识到自己掉入了兔子洞，反而认为自己是按照个人意愿走上了修行之旅。

如同《地海战记》[1]一般，实习魔法师出门旅行，积累各种经验，成为大魔法师之后凯旋，我也要在精神医疗前线磨砺技能，将自己打造成一名心理治疗大师后凯旋。那时的我沉浸于这种英雄幻想之中不能自拔。

那时的我，是一个完完全全、彻头彻尾的要命糊涂蛋。

我对一切一无所知，不仅对很多事情理解错误，还错失了

1　由宫崎吾朗执导，冈田准一参与配音的日本动画电影，改编自厄休拉·勒古恩的小说。

很多机会。

为什么心理治疗的工作如此难找？为什么都是照护相关的工作？为什么博士们都想在大学工作？为什么这个诊所有六个月的奖金？

我又为什么如此想从事心理治疗的工作呢？为什么我觉得心理治疗的地位高于心理照护呢？为什么我瞧不上心理照护工作呢？

那么，究竟何谓心理治疗，何谓心理照护？

对于上述最为基本、重要的概念，我一无所知，也不曾深思。一直以来我都只是对不经意听到的解释照单全收，囫囵吞枣。

我本应该停下脚步认真思考，或者应该仔细审视。但那时的我被成为博士的荣誉感及无处就业的恐惧感驱使，完全懈怠了。本来需要仔细思考的事情堆积如山，但我全部束之高阁，不予理睬。

结果，我走上了与自己最初立志要做的事情截然不同的道路，掉进了兔子洞里。

洞口确实有宣传板，宣传板上面清楚写着"这里有兔子洞哦"。

是的，招聘信息上不就写着"日间照护占20%"吗？我也确实读到了这句话。这是事实。只是那时我想不过就占工作时间的 20%，没什么大不了的，并没当回事。

但是，实际开始工作后，我才发现心理咨询业务的确占了七成，日间照护却不止两成，而是足足十成。虽然两项工作加起来为十七成，有点说不通，但是日间照护真的就是如此。在神奇的国度，我花费十成心力，整个人完全被淹没在日间照护工作中。

尽管如此，当时的我对于日间照护工作毫不了解，可能和现在在读本书的你一样，甚至比你更无头绪。

我只知道这里是精神障碍患者白天活动的地方。除此之外，日间照护中需要做什么，日间照护中会发生什么，何谓照护，我一概不知，也不曾想去了解。总之，我也不知道自己会深受日间照护工作的伤害，被它夺走一切。

正是这样，天真愚蠢的鼎盛期博士，在对一切一无所知的情况下，一头栽入了网上突然撕开的兔子洞中。而这个洞直接连通着神奇国度的日间照护工作。

穿过兔子洞，便到了那霸机场。一头栽入兔子洞的我，平安无事地在南国机场的跑道之上着陆。

虽然还是 3 月，那霸机场的国内线航站楼里空调冷气已经开得非常足了，换乘单轨电车后大家都一下子变得汗津津的。按冲绳地方习惯来说，此时已是初夏，正是短冬结束后，大地绿意复苏的季节。

安定下来后，我开始热衷于探索周边环境。奥武山公园附近的小路上，放满了驱魔辟邪的"石敢当"，奇特的狮子像装饰着因潮湿而变得破旧的公寓入口。通往被称为"龟甲墓"的巨大墓地的途中，也摆满了这样的石狮子。听闻这类墓冢是仿照女子子宫的样子建造的，如此具有异国情调的景象让人激动。

最有趣之处，是被称为"御岳"的冲绳民间信仰圣地。在灌木丛中的大树下，设有一个小广场，放置了一个小香炉，人们在此向神灵祈祷。这样的地方有很多。

单轨电车沿线的茑屋书店背后有片森林，我走进一探，发现里面就有一个"御岳"。真厉害！就在资本主义社会的旁边，蔓延着古代的巫术世界。

冲绳，真是个有趣的地方！我非常开心，开始四处搜寻"御岳"。

面对种种值得庆祝的事情，博士逐渐变得轻飘飘，没有意识到自己正彷徨迷失于神奇的国度。总之，当时的我非常享受工作开始前的短暂假期。

Chapter 2
"待"与"做"

总之，请先坐下

姓名被夺

"来了呀，京大博士。"

上班第一天，前来迎接我的是一位满面笑容、长相酷似蛋黄酱包装上的卡通人物丘比的大叔。

这位大叔个子不高，身材微胖，戴着眼镜。出人意料的是，他有着一双炯炯有神的眼睛。但是，最有特点的还是他那光溜溜的秃顶，闪闪发光。

"幸会，我是护士高江洌，"丘比大叔一边说着一边郑重地递给我一张名片，随后微笑着说道，"请多关照。"

名片上写着"业务统筹部部长"，充满威严感。这就像是统管整个亚洲，动动小拇指就可以让泰国、菲律宾陷入金融危机的高盛集团要职一般。然而，居于如此要职的最高领导，此时正裹着可爱的碎花围裙冲我咧嘴憨笑。

"你是京大博士吧，"我的学历和部长的脑袋一样威光四射，"我孙子，现在在上补习班，下次你可否指导下他的学习？侬呀，还在支付补习费，要系啊，快哭了。"

"侬"在冲绳方言中是"我"的意思，而"要系啊"是表示惊讶时所用之词。本以为要开始工作培训，结果高江洌部长却用冲绳话跟我唠起了家常。直到厨房里那位看起来有些固执的阿姨喊道"高江洌桑，没有茶了"，部长的闲话家常才被迫中止。

"哎呀,大家喝得太快了吧。"部长说完,马上就跑去泡茶。业务统筹部部长真的是统辖着繁重的业务啊。

那位阿姨又是何许人也?日间照护中通常将患者称为"成员"(member),但是在这里我完全分不清谁是成员,谁是工作人员。

泡好茉莉花茶后部长飞速跑回来:"不好意思,必须开始培训了。京大博士,名字是?"

"我叫东畑开人"。

"东畑……东畑……东……啊,我知道了。那么,从今天开始,就叫你'咚锵'了。"

"咚……锵?"

"嗯,咚锵,怎么样?"他满脸喜悦地说道,"你有打过麻将吗?麻将里'东'不是读作'咚'么?我年轻的时候,每晚在医院打麻将……"

于是,部长又开始说起了以前在精神病院工作的事情。这位业务统筹部部长非常话痨。此时,刚才的阿姨又喊道:"高江洌桑,购物时间到了。要开始准备午饭了吧。"

部长大声回应道:"我知道,稍等一下。我现在正在给咚锵培训。""女人一旦成为大妈,不知道为什么就会变得如此性急。咚锵,心理学里有相关的解释吗?"

"唉……这个……"我正在努力思考如何回答上司抛来的荒谬问题时,那位阿姨又开始喊道:"高~江~洌~桑!购物时~间~到~了!"

"知道啦，我现在就去!"高江冽部长马上拿起车钥匙站了起来，"那么，咚锵，你暂时先坐那儿吧。"

他说罢便匆忙离去。业务统筹部部长的最主要的业务，竟然是去冲绳当地的超市"SAN-A"购买午饭所需的食材。

就这样，我便被剥夺了原先的名字，得到了一个新名字，如《千与千寻》中的情节一般。

且先坐下

变成"咚锵"之后的工薪阶层心理医生的第一份工作，竟是"先坐那儿"。

多么草率的业务安排啊。极度破旧的椅子上铺的坐垫因为用得太久凹陷变形，让人坐着很不舒服。

放眼四周，坐在我右边的女士不厌其烦地持续盯着同一页报纸阅读，而坐在我左边的男子反复地打开、折叠手中的纸巾。虽然不是很确定，但他们应该就是成员吧。太不可思议了，大家到底在做什么呢?

但真正让人感到不可思议的，并非有人做出不可思议的举动，而是这里的人什么也不做。很多人就是静静地坐在照护病房中，既不交谈，也不阅读。偶尔有人喝一口茶，但依旧是无所事事，静静地坐着。我从未见过这样的景象。在此之前，我一直都生活在一个所有人都栖栖遑遑的世界中。

这样一来，我也不知如何是好。就像是风平浪静的大海，病房里鸦默鹊静，我一时不知所措。

真的让人如坐针毡，如同和刚认识的人去居酒屋，下单后等待服务员端来啤酒的间隙，尴尬至极。

我迫切希望有人告诉我应该做什么比较好，但是负责培训的高江浏部长赶往"SAN-A"超市后一去不返。

他只留下一句"你暂时先坐那儿吧"，所以我只能干坐着。想到这里，我又重新坐正身子，但是果然还是连一分钟都坚持不了。时间静止不前。什么都不做就静静地坐着，让人觉得异常煎熬。

这时，我突然想到：我不是临床心理医生吗？交流和聆听不正是我的专业吗？对，就是临床。这不就是临床吗？我应该试着跟成员交流一下。我应该发挥我的专长。想到这里，我主动跟还在继续读着同一页报纸的女士搭讪：

"嗯……您在读什么呢？"

"读报纸呀。"

"……有没有什么有趣的消息呢？"

"也没什么。就是一般的体育新闻。"

"……哦，这样呀。"

女士瞥都没瞥我一眼，继续读着报纸。如此的冷遇让我无所适从。我的专长被击得粉碎。没办法，我只能重新坐好。

我又一次环顾四周，看到负责医务助理工作的年轻女孩正在厨房里利索地忙活着。护士们也在值班室里认真地填写着病历。独我一个人只能静静地坐在这里。大家都忙着一些事，有"可做"之事，只有我闲"待"在这里。

突然，我的脑海里产生了不好的想法。跟比我小一轮的年轻的医务助理女孩四目相对的一瞬间，我突然感觉她好像在想："这是新品种的蛀虫吧。什么都不做就光坐着，还赚得比我多。真是完美的饭桶摆烂人生呀。"而那个跷着二郎腿，一边抖着腿一边写着病例，颇具女总管范儿的护士脑海中的想法，也突然呈现在我眼前："上了九年大学，还是什么都做不了，什么垃圾啊！垃圾垃圾垃圾垃圾！"

不行！一直这么坐着的话，我会发疯的。于是，我开始寻找可以逃避的地方。就在此时，我看到病房深处有间阴暗的吸烟室。

"就是这个！"我急忙逃也似的跑进吸烟室，"在这里，应该就不会被别人关注了。"

可能是因为在厕所旁边，这间吸烟室阴暗潮湿，尿液和香烟的味道混合在一起，充斥整个屋子。一瞬间，我强烈地感觉到这便是世界的终结。屋子里摆放着几张折叠椅，而"室主"正襟危坐在最里面。

"室主"穿着黏糊糊的沾有污点的 T 恤衫，短裤下露出的双脚满是污垢，全身散发着汗水和尿液混杂在一起的难闻气味。"室主"身上异样的威慑力，让我不禁有些害怕。他就像是狱中的老囚犯一般，瞪着我这个新来的，双眸如同看尽了世间所有的绝望，晦暗浑浊。

糟了，太可怕了。虽然想着还是赶快逃离此地比较好，但是我无处可去，只能在这里落脚。于是，我开始试着与"室主"交谈。

"早上好。我是今天入职的东畑。"

"室主"如同注视着地狱的业火一般盯着我，然后微微颔首。

"嗯。"

沉默。交谈结束。

糟了，太尴尬了。应该进一步多谈谈。我不是临床心理医生吗，交流和聆听不正是我的专长吗？

"那个……您抽的是什么烟？"

"嗯。""室主"无动于衷地回道。

"滋味如何？"我也知道这是个愚蠢的问题，但我实在不知道如何是好。

"嗯。""室主"一脸厌烦地从我身上移开视线，回到老烟枪模式，继续抽着烟。

我的专长又一次被击得粉碎。无可奈何之际，我也只好点起烟，慢慢抽了起来，我尽可能拉长吐烟的时间，顺便试着发出声音。

"嗯。"

啊啊啊！我突然感觉自己变得有模有样了起来。我不是坐着什么也不做的蛀虫，也是有可做之事的。我是一位优雅地抽着烟的精致男士。如此一想，我心情好了起来，于是更慢悠悠地抽着烟消磨时间，带着印第安酋长祈求宇宙和平一般的虔诚，让烟雾笼罩全身。

"呼唔……"

"嗯。"

"室主"不知怎么突然发出了声音，我坚信肯定是实现了宇宙和平。

太厉害了，没想到香烟还有这样的作用。尴尬的时候抽根烟，便会给人带来安心感。

但是无论如何，香烟会马上燃尽。"室主"以极快的速度马上点起另一根烟。我紧跟其后，正要顺势点烟的时候，与外面注视着我的负责医务助理工作的女孩又一次四目相对。我的脑海中不禁响起刺耳的声音："哎呀，蛀虫桑，真的是用尽全力在摆烂呀，刚来就快速放飞自我哦！"这时，女孩径直朝着吸烟室走了过来。

我以为她要朝着我怒吼"你这个垃圾懒汉"，结果她却温柔地说道："到开会时间了哦。"

我看了下表，上班开始还不到一个小时，不禁愕然。

"这都是什么呀，干坐着竟如此难受！"

我读了五年大学院，从没有人教过我在日间照护工作中如何适应"坐着不干活"。

居所型日间照护的一天

一切错乱不堪，为了保持清醒，在此我先稍微说明一些现实的问题。

我所在的地方被称为精神科日间照护病房。

何谓日间照护？按照日本政府规定的"诊疗报酬"，是这样解释的：

帮助精神疾病患者恢复正常的社会生活机能，为不同患者制定相应的方案，进行团体治疗。

我所任职的日间照护病房，针对的主要是慢性精神分裂症的患者，还有躁郁症、发展障碍、人格障碍等各类精神疾病的患者。患者来此接受康复训练，度过白天，这便是日间照护。

日间照护是位于那霸市郊的这家诊所的一部分业务，接受诊疗检查的人一般在精神科门诊，旁边便是日间照护病房。日间照护病房中间有一个宽敞的大厅，设有厨房，周围摆放着沙发、折叠椅、桌子等。往里走是吸烟室和和室，二楼有一个小厅，半地下的地方还配有乒乓球室和面谈室。

日间照护，准确来说应该是"日夜照护"。从狭义层面来说，"日间照护"指照护成员六小时，而"日夜照护"则是照护成员十小时。从早上八点半到晚上六点，患者会在诊所的照护病房中度过完整的一个白天（因此，应该是"日"和"夜"）。

成员的数量每日都不相同。若有类似于卡拉 OK 大赛这样的大型活动，会有三十多人，有些日子只来十人左右。来或不来，患者都可以根据自身情况自由决定。

负责日间照护的工作人员，包括护士和医务助理。以高江洌部长为首的男性护士共有三名，负责主要事务，门诊部的女护士和医务室的年轻女孩（简称"医务助理女孩"）在旁协助。之后，我会逐一介绍这里有些什么样的人。

我主要负责的业务包括正式工作要求中规定的日间照护，在周二下午、周三下午进行，其余时间都是在门诊为患者提供心理咨询。因此，招聘信息说心理咨询占七成、日间照护占两成，并没有错。

但实际上，没有心理咨询的时候，心理医生也要去照护病房与成员待在一起。因为没有患者，一个人待在心理咨询室发呆也很奇怪。

照护病房和门诊仅一墙之隔，因此每天实际上的工作，就是早上先去照护病房，从早到晚待十个小时，其间抽空提供心理咨询。因此，日间照护工作占十成。加上心理咨询的话，每日工作量高达十七成。

十个小时非常长了。高中生每天晨练，上六个小时课，然后参加社团活动直至大汗淋漓，也不足十小时。就算青春有大把的时间可以挥霍，这也是很长的时间了。

日间照护病房的日程表非常松散。正如上述提到的，从八点半到九点半是"魔性时间"[1]，大家各自随意，百无聊赖地坐着。

晨会九点半开始。做完广播体操后，成员中的主持者会向大家说明今天的活动和事务联系。成员还被分配了切菜、淘米等为午饭帮厨的工作。

会议结束后，早间活动就开始了。大家或进行计算训练，或合唱《多么希望美好的爱情可以再次降临》[2]，或进行涂鸦，基本上都是较为轻松的活动，差不多十点多就结束了。

接下来到午饭前，又是一样的"魔性时间"。有时候人们也会打打扑克牌，但基本上都是干坐着。

十二点多开始吃午饭，之后便是午休时间。也就是说，又一次进入"魔性时间"。下午两点半左右开始下午活动。

下午的活动强度较大，大家在体育馆打排球，或者在棒球场打棒球，或者开车去各种各样的地方兜风。这些活动结束后，又回归到"魔性时间"。大家待到下午六点左右，稍微吃些晚饭，六点半回家。

如上，日间照护的十个小时之中，有非常多的自由活动时间。

---

1 该词本指秋末以后（10 月之后）的日落时段，古人认为这是魑魅魍魉出行的时间。作者借此指代让自己无所适从的时间。
2 1971 年首次发行的日本歌曲，由北山修作词、加藤和彦作曲。

然而，这些时间并非要用来"做"些什么，只是"待"着，坐在座位上"待"着。总之，就是"待"在那儿，只是"待"着。那是什么也不会发生，没有一丝波动的寂静时刻。

　　总而言之，日间照护病房便是给大家提供一个可以"待"着的场所。

　　浪费如此多的时间"待"着，或许是因为我所就职的地方主要是以居所型日间照护为主。

　　一般来说，日间照护包括中途型日间照护和居所型日间照护，虽然无法严格区分两者，但是它们的目标存在一定差异。

　　中途型日间照护，如其名所示，是以成员通过照护治疗回归社会为前提的。现在流行的"复工支援"（Rework）计划便是如此，它主要针对出于某种原因无法适应正常社会生活的患者，通过各类照护计划，使其重新回归社会。这类日间照护是患者重新回归社会的"中途"，大家在此接受治疗或者复健，这也是日本政府规定的日间照护的基本职能。

　　与之相对，居所型日间照护并不以"中途"为前提。实际上，大多数成员并不是要通过治疗重新回归社会，而是持续接受日间照护。因此，居所型日间照护也常被揶揄为患者"最后的归宿"。

　　可能大家会发出这样的质疑："难道这样就可以了吗?"但是，对于精神分裂症患者，还有长期将自己封闭起来的群体，抑或老年人来说，重新回归社会并非易事，因此他们大多会选择居所型日间照护。

他们很难"待"在某处，即立足于社会之中。我的工作则是与这些难以"待"在某处的人一起"待"着。

以"待"为目的的"待"着，居所型日间照护中常出现这类同语反复。这完全就像是《爱丽丝梦游仙境》不可思议的世界中疯帽匠会唱的歌一样："为了待着而待着而待着而待着而待着……"

日间照护的秘密就在此处，但当时的我并不明白。何谓"待"着？何谓"居所"？这样就可以了吗？我从未深思熟虑过这些问题，就开始了这份工作。

因此，我犯了一个严重的错误。

接着继续详说。

心理咨询的模拟

"待"在这儿很痛苦。

什么都不做"仅仅待着"，我感觉自己就像是吃白饭的蛀虫。这种状态让我倍感痛苦，因此接下来的几个月，我总是做出一副好像在做什么的样子。

比如，望着书柜，装作思考状"嗯"地点头，或用荧光笔在从业守则上划出重点，或确认扑克牌张数是否齐全，最后甚至数起了桌子上的木纹。

如此这般，我努力营造出一副忙碌的样子，一瞬间觉得自己成了一名出色的医疗人士。

有了可"做"之事，"待"着才能变得轻松起来。

因此，每当接到心理咨询的工作，我都长出一口气。无论如何，这算是在做实际工作。我可以理所当然地认为"我确实有在好好工作"。但是，刚开始工作的 4 月和 5 月，我开展心理咨询的次数并不多，几乎无事可"做"。所以，我总会假装正在撰写心理咨询记录，或者偶尔躲在心理咨询室发呆。总之，我与吃白饭的蛀虫别无两样，心里沮丧至极。

结果，还是只能干坐着。

日间照护工作以干坐着开始，以干坐着结束。

开始工作一个月后，即 4 月末的时候，一位叫做淳子的三十岁左右的女性成员来到日间照护病房。她被确诊为精神分裂症，刚从精神病院出院，身上戴着的能量宝石叮当作响。为了"回归社会"，她来到此地。

淳子总是干劲十足。高江洌部长一如既往地在超级敷衍的新人碰头会上说道："你先坐那儿吧。"但淳子仅仅坐了两秒，就马上站起身来，开始积极找事情"做"。

她不断在工作人员和其他患者中来回穿梭，逐一问好，并主动自我介绍。"你是哪个高中毕业的？我呀，高中基本没怎么去过就退学了。"

只要发现有可"做"之事，她什么都做。原本通过抽签分配的帮厨工作，她总是毛遂自荐，甚至对大家应付了事的早间活动中的计算训练，她都表现出极大的热忱。"减法好难呀，我没上过高中，只能现在开始抓紧学习了。"

淳子为了尽早"回归社会"，努力参加"康复训练"，斗志昂扬。因此，仅用了短短的一周时间，她就成为日间照护病房各类活动的核心人物，每天都忙碌不堪。如果我是被称为蛀虫的白蚁，那么她就是勤奋的工蚁。

面对努力过头的淳子，护士们难免担心道："坐下来歇会儿吧，慢慢来也没关系的。"但是，淳子回道："没关系，我高中时期总想着毕业后就去上烹饪学校。"她丝毫没有停止帮忙做饭的意思。

淳子也来跟我搭话。

"东畑先生是心理医生吧。真厉害呀！你是哪个高中毕业的呢？我呀，高中基本没怎么去过就退学了。那个，我有事情想要请教，你现在有时间吗？"

虽说我闲得要死，但是如果说出"我现在刚好没事"，好像就是承认了自己是个蛀虫，所以我还是装出思考日程的样子，煞有介事地答道："啊，这样呀……那个……接下来的安排是……啊，对了，今天下午有时间。"

"谢谢，那么，下午见。"说完，淳子又跑去协助工作人员，而我重新开始数起了桌子上的木纹数量。

下午，我精神高涨。是的，淳子要来向作为临床心理医生的我请教问题。终于，到了在日间照护工作中发挥专业技能的时候了。我的内心激昂澎湃，这样一来再没有人可以说我是个蛀虫了吧。

日间照护病房的半地下空间是面谈室，我和淳子便在这里开始了交谈。这是个可供我俩独处的私密空间。

我首先说道："淳子女士，我们现在开始可以谈三十分钟。"限定时间和空间是心理咨询工作中最基本的原则。这样可以有效处理隐藏在内心深处的情感。我正在努力营造心理治疗所需的环境。

淳子开始说话："我呀，基本都没有怎么去过高中。"

我一边倾听，一边回道："嗯。"

"医生，你上的哪个高中？"淳子问道。

我回答道："你觉得是哪里呢？"这是心理咨询的绝招，即当被对方问及私人信息时，以提问方式回应。

"那霸有可以学习心理学的高中哦！"淳子继续说道。

"啊，这样呀。"我依旧保持倾听。

正当我摆出专家姿态，仔细倾听淳子温和地诉说着学校方面的事情时，故事氛围突然降至冰点，就像物体从陡坡直接落下，坠入冰上的缝隙。

淳子说自己出生在一个充满暴力的家庭，受尽虐待，高中时期又怀孕了。她说着说着便哭了起来。虽然小孩平安生产，但同龄的丈夫开始实施家暴，于是她很快就离婚了。淳子一边流泪，一边说起自己离婚后再也没见过小孩，丈夫一家有多么穷凶极恶。她还谈到自己因为生病，对小孩做了很残酷的事，虽然很想见孩子，但孩子肯定非常厌恶自己，不会再想见面。她就这么一口气，滔滔不绝地讲了好多。

这与平时游离于俗世之外的淳子判若两人。在短短的三十分钟内，淳子讲述了自己悲惨的人生，我一直在旁静静聆听。因为谈及的内容过于残酷，我一时晕头转向，除了沉默倾听以外，什么也做不了。

我提醒三十分钟到了，她立即换上笑容对我说："说出来真舒服，太感谢了。"就如同换了个人一般，刚刚还哭泣不止的她马上面露笑容。她接着问我："还想再跟你谈话，应该怎么做呢？"于是，我们约好在下一周再进行交谈。自此，我按照心理咨询的做法，每周与淳子进行一次交谈。

"这也算是康复训练吧。"淳子爽朗地说道。

接下来的许多周，我和淳子进行了数次交谈。在只有两个人的密室中，我们不断围绕悲惨痛苦的话题展开咨询。

结果到最后，淳子不再来接受日间照护了。

精神过头的淳子逐渐变得疲惫。她不再跟其他成员聊毕业高中，也不再帮忙做饭了。但如果不动，她会觉得待在这儿接受日间照护非常痛苦。她没法静静地干坐着。

因此，淳子会在某天的日间照护途中突然离开，径直回家。当大家意识到的时候，她早已开始频繁请假，最后完全不来了。

"也有这种情况。"高江冽部长说道，"她应该很焦虑吧，可能还会回来，再回来时一定要慢慢来。"

这种事情在日间照护病房中甚为常见。虽然人们来此接受日间照护，但无法静静地"待"着，痛苦不断累积，最终只好离开。毫无疑问，一个人静"待"十小时，这样的持久战是很不容易的。因此，就像淳子一样，新成员经常会突然退出。

但是，我深刻反省了自己。因为我觉得这都是我的过失。

我与淳子进行的其实是心理咨询和心理治疗的模拟。在只有两个人的空间中，约定时间，聆听对方的叙述，通过这种方式，触及对方心灵深处。这是我在大学院学到的心理治疗最基本的方式。因此，在淳子说"可以听听我的故事吗"之时，我条件反射地这样做了。

但是，触及对方心灵深处未必在任何时候都适宜。将压抑着的东西、不想让人看到的东西、心中倍感苦楚的东西显露于表，对当事人来说是一件极为哀痛、不安的事情。

实际上，在好几次心理治疗的模拟过程中，淳子曾提到日间照护病房的患者及工作人员有意疏远自己。她心内的恶污染了现实，引发了被害妄想。这种情况致使淳子无法在日间照护病房中"待"下去了，最终离开。

我真是个大笨蛋。

她为什么想要让我聆听她的故事呢？

那是因为她觉得在日间照护病房"待"着很难。即便是心理治疗的模拟，她也希望找到可"做"之事，所以才找我交谈。

她想通过这样的方式，继续"待"着。

我却单纯地以为她只想接受心理咨询，于是试图探听她内心深处的声音，反而伤害到了她。

我不也一样吗？为了摆脱无所事事"待"着的痛苦感受，我积极地进行心理治疗的模拟。结果，我完全忽略了好不容易恢复平静的淳子内心的痛苦，使其病情恶化。

那个时候，我不应该弄什么心理咨询的模拟，而应该和她一起在日间照护病房中"待"下去。我们应该一起百无聊赖地坐着。如果干坐着难受的话，我们也可以一起打扑克、散散步，找找能够一起"待"着、一起去做的事情。

淳子想要的也绝非心理治疗，而是心理照护。她不希望别人挖掘她的内心，而是希望别人帮她稳固内心周围的边界。

我大错特错，完全没有了解她的期望。

不只是我一个人觉得"待"着很痛苦。聚集在这里的每个人的耳边都会不断传来各种声音，诉说着"待"着好难。所谓日间照护病房，正是如此。

甲子园冲绳代表

人从失败中学习。日间照护病房有其运转的方式，这样的方式有存在的必然性。我告诫自己，并暗下决心开始觉悟。

总之，先"待"在这里。无论如何，先"待"着。我要彻底贯彻"待"着这件事情。

这么一来，能做的就只有一件事。

那便是静坐"待"着。

无论刮风下雨，都静坐"待"着。无论是和高江冽部长等人一起喝酒宿醉，还是在下午的排球活动中打到肌肉酸痛，抑或是心情舒畅、晴空万里的日子，都只静坐"待"着。无论多么闲暇，多么无聊，每天如此。

就和坐禅入定一般，但我这么做并不能养成"正念"，也无任何顿悟开慧之感，更无人格成熟之效。我仅仅是痛苦忍受着这一"魔性时间"的空闲。对于这种百无聊赖的状态，我其实厌恶至极。我完全无法适应这种风平浪静、毫无波澜的空闲时间。果然，静坐"待"着还是很难。

但也不是全无变化。虽然静坐"待"着很痛苦，但我在日间照护病房中逐渐和其他人熟识了起来。

我逐渐可以分清谁是工作人员，谁是成员，将人和名字对上。我也明白了很多事情。比如，有总管之风的女护士一如我一开始所见，说话毒辣，性格也基本没有可取之处，但她并不讨厌我。再比如，负责医务助理工作的女孩们果然还是觉得我就是个蛀虫，但迄今为止的心理医生在她们眼里都一样，所以算是对我们这些蛀虫保持善意的人。慢慢地，我们甚至可以互相开开玩笑。

同时，我和患者之间的距离也渐渐缩短了。在我右边一直读报纸的女士告诉我她叫友香，在我左边反复叠纸巾玩的大叔介绍说自己叫裕次郎。他们也记住了我的名字。我们一起打排球、玩牌、抽积木等，不断交流，互相熟悉了起来。不是在密室进行交谈，而是在大家面前侃大山。不谈论深奥的话题，就简单闲聊。我在这般消磨时间的过程中，建立起了自己的人际关系网。时间真的很重要。

突然有一天，我体会到了"静坐待着"的终极奥秘，那大概是在开始日间照护工作四个月的时候。契机是夏季甲子园棒球比赛中的冲绳代表——兴南高中的全胜战。

这一年，在春季甲子园比赛中夺冠的兴南高中，在夏季比赛中依旧稳定发挥，连连获胜。每逢比赛，大家都会一起助威。连一直盯着报纸、目不斜视的友香，只对香烟感兴趣的"室主"，也都坚守在电视机前。

看到绝对王者投手岛袋洋奖让对手"三振出局"，大家会立刻沸腾起来；看到队长我如古盛次击中球后，大家欢呼雀跃。众人会为兴南高中丧失良机叹气惋惜，又会为扭转局势的本垒打而欢喜若狂。看到铭苅、伊礼、安庆名等有着冲绳特色姓氏的选手在甲子园赛场上纵横驰骋，我觉得非常有趣。我也狂热痴迷起这一比赛，跟着大家一起用尽全力呐喊助威。

兴南高中众望所归制霸了甲子园春夏赛事，令人振奋。那一刻，成员与工作人员齐声欢呼"呜哇!"，不觉间我也加入其中用冲绳方言呐喊起来。

"呜～哇～，兴南高中，最棒!"

比赛结束后，大家举着39日元的可乐干杯。兴奋激动的我们不断赞扬着王牌选手"岛袋君太厉害了",还各自交流感想。病房叽里呱啦喧嚣器不断,众人相谈甚欢。

欢庆告一段落后,我突然发现,患者又如平时一样回归了静坐的状态。友香翻开报纸,"室主"抽起了烟。医务助理女孩洗起餐盘,护士写起病历。外面吹进来的风让人心情畅快。于是,我百无聊赖、舒舒服服地"坐"了下来。

是的,我发现我可以静静地"待"在这里了,不再感到"待"着的压迫。"仅仅待着",也不再会让我觉得自己像是蛀虫了。托兴南高中的福,我不再是一个格格不入的外来者了。

所谓"且先坐着",意为"一起待着"。直到此时,我才终于在日间照护病房风平浪静的"魔性时间"中感到舒心,觉得闲适而放松。

抬眼一看,高江洌部长在对面的座位上打起盹来。友香笑着说:"他肯定累坏了吧。"而后,她摸了摸部长光秃秃的脑袋,小声嘀咕道:"光溜溜的。"日间照护病房外夏日的太阳格外刺眼,部长的头顶在阳光下显得光滑锃亮。

"待"在这里酣睡,这是日间照护达人们的独门绝技。

"待"与"做"

"待"着这件事很不可思议。

撰写本书之时,我正在东京工作。远离冲绳的日间照护病房后,我每天忙碌不堪,要"做"心理咨询、"授"课,还要

41

"写"书。"做"些事来赚钱,这便是我的日常。

但一切都以"待"着为前提。这一点过于理所当然,连我自己经常都会忘掉,但我确实可以很好地"待"在职场之中。

我平时完全不会思考为何我可以"待"着,就像鱼不会想到水,狗不会关注氧气一样。我一直忽略了支撑我"待"着的事物,认为这是理所当然的。

可是,在日间照护病房中,"待"着让人觉得很不可思议。毕竟,静静地"待"着是一个很容易被打破的状态。直到那时,我才开始思考"何谓居所"。"待"不下去的时候,我们会寻求新的居所。因此,居所是只有在"无立足之地"时才会意识到的事物。这真的很奇妙。

何谓"待"着?何谓居所?

我大学时期的学弟中藤君写过一本名为《临床心理与居所》的著作。

因为是我的后辈,他出版著作的时候,我一度觉得这真是个自大的家伙,也没打算理睬,但转念一想:"不,应该祝贺优秀的后辈取得成绩,应该向他学习。"(本打算置之不理,但是被置之不理的搞不好是我自己吧,这正是一个卖人情的好机会。)结果购来一读,发现里面有许多有趣之处(让人有点火大)。

古日语中将居所称为"住所",正是谚语"腹中之虫住所不佳"(意为心情不顺)中的"住所"。"居"字包含"坐"的意思,也有"臀部"之意。

因此，居所意为"安放臀部之处"。高江冽部长敷衍的职前培训或许暗含了这一深刻含义。毕竟，居所正是"且先坐着的地方"。

换句话说，所谓居所，就是我们可以暂时搁下臀部的地方。臀部绝对是我们身上的薄弱之处，想看看不到，操纵起来也不太灵活，若是受到千年杀，更是会立刻让人疼到晕厥过去。让人安心托付这样柔弱部位的地方，正是居所。在居所安放下了臀部，哪怕毫无防备，也不用担心遭到千年杀或伤害。正因这样的安心之感，我们才能"待"着。

但这到底是怎么回事呢？

儿科医生、精神分析师温尼科特（Winnicott）在其著作《成熟过程与促进性环境：情绪发展理论的研究》（*The Maturational Processes and the Facilitating Environment: Studies in the Theory of Emotional Development*）中写道：

合格的母亲会满足婴儿的全能感……她会反复进行此类活动。……由此，真自体就开始存活了。[1]

因为原文用词艰涩，我进行了超译[2]。温尼科特认为婴儿在完全依赖于母亲的时候，可以保持"真自体"。

1　此处引自日文译版，《情绪発達の精神分析理論》，第 177 页。——原注
2　超译指基于译者的理解来翻译、解说原文，而非以准确性为目标。

婴儿只要"哇哇"哭，就会像施了魔法一般让人喂自己吃奶；只要"哇哇"叫，就会让人为自己换尿布。在这一事事都要别人照顾的时期里，婴儿有种"一切都如自己所愿"的全能感，"真自体"正显露于此。

有人独自忧思烦恼到最后，突然发现"我曾想要成为一个色彩搭配师"，以为找到了"真自体"而激动不已，但其实并非如此。如果这样定义"真自体"，会显得有些牵强。

温尼科特所说的"真自体"是身心放松、毫无防备的自己。例如，我们泡温泉时，会自然而然地发出"嗷嗷嗷"的声音，毫无警惕之心，但也只有在这种时候才能窥见"真自体"。

如同孩子面对母亲照料时一样，当我们可以完全依赖于某人时，"真自体"才会显露。这是没有任何被迫、勉强之感而存在的自己。这样一来，才有可能"待"着。观看棒球比赛后，我之所以能够舒适地静坐"待"着，正是如此。

反之，如果母亲照顾不到位，孩子们不能全身心依赖母亲时，他们的内心世界便会碎裂，产生生存危机感，觉得"待"着受到威胁。于是，孩子们开始窥探母亲的情绪，试图取悦她。温尼科特认为，这时便会产生"假自体"。

这就像我数桌子上的木纹，淳子拼命帮厨一样。一旦无法以"真自体"这一状态存在，便会生出"假自体"。因此，当"待"着变得痛苦时，人们就会转而开始"做"事。

反言之，为了"待"在这里，就必须适应这个场所，信任这里的人，将自己托付出去。

托付，依赖，依存。这其中暗含着日间照护和"待"着的秘密。此处不再赘言。依赖如一个洞窟，蜿蜒深邃，通道纷繁，或交杂或分离，不知连接到何处。当然，此时的我对这些还一无所知。暂且先说下面的事情。

但是，有一点我想先加以强调，这里所谓的"依赖"指我们平时的无意识行为。每个人其实都依赖于某人来维系生活。然而，我们对此却毫无察觉。

不过，有一群人做不到，所以他们会聚集到居所型日间照护病房中。

因此，如何让容易在生活环境中感觉受到威胁、伤害的人们找到可以安放臀部、安心"坐"着的地方，是日间照护的主要目标。为了"待"着而"待"着，又一次出现了神奇国度的同语反复。

综上，我的工作就是"且先坐着"。如果工作人员自己都觉得"待"在这里受到威胁，那么患者如何安身于此呢？

淳子离开日间照护病房几个月后，在夏天最炎热的时候，重新回到了这里。

但是，她好像依旧对"待"在日间照护病房感到不安，如之前一样总是找寻可"做"之事，来回忙碌。她就这样重复着用"做"去掩饰"待"的不安。

不过，这回为了不让自己过于兴奋，淳子也在试图调整自己的状态。

偶尔，她觉得"待"在这里很痛苦时，会暂时离开。我们猜她应该是想自己冷静一下，所以并不希望惊动她，但毕竟是医疗机构，又不得不出去找她。

这时，总是我这个没有特别要"做"之事的人，接下寻找淳子的工作。

我离开冷气十足的日间照护病房，在足以让人蒸发的日晒下来回穿梭。我去了附近的超市、停车场、大公园，皆没有发现淳子的身影，已经无计可施。天气真的好热啊。我虽然想着她可能已经回家去了，但最后还是踱步去了诊所后面的小公园里寻找了一圈，没想到在杂草齐腰的最深处找到了她。她正在公共厕所后面抽着烟。

"真是叫我找了一大圈呀。"我说道。

"不好意思，心里有点不踏实。"淳子说。

"这样呀。要回去吗？"

"我还想在这里再待会儿。"

我想她肯定会这么说，便也点了根烟，坐在跷跷板上。淳子转而坐在秋千上。这时无须交流，不让她感到有压力，与她一起静静地安心"待"着是最重要的。

我慢慢地抽着烟，淳子也是。从第二根烟开始，因为尼古丁摄入量已经饱和，我尝不到任何滋味，但还是又点上了。我并非在等她，而是两个人一起抽烟会让整个环境更加舒心轻松。比起回到日间照护病房，静静地"坐"在狭小的房间里，待在外面反而更加让人自在。

我可以理解淳子的感受。

淳子突然开口道：

"真热呀！接下来肯定会更热吧。"

"真不喜欢炎热的季节。"我回答道。

但其实我们此刻待在榕树下面，十分凉快，只是热风吹来时还是会冒出薄汗。我们两人就这样眺望着荒芜狼藉的公园。

日光异常强烈，杂草气味浓郁。

如此，我终于站在了神奇国度的入口。

触碰"心体"

秃头、胖子、瘦子的劝酒

"烧起来了呀，"业务统筹部部长高江冽一口干掉"Orion"啤酒的"麦职人"发泡酒后叫道，"但是，还会继续烧的吧，得等烧完了才行呀。"

新一用湿巾仔细擦拭着空啤酒杯上的水滴。

"得烧到顶上呀。"高江冽部长说着用手指了指自己光秃秃的头顶。我则往杯子里加入大量冰块，直至快要溢出来。因为有些慌忙，有几块冰掉在桌子上咕噜噜地滚出声响。

"放松点，咚锵。"新一笑着斟了一杯称为"古酒"的全发酵泡盛[1]"金色菊露 VIP"。我往里面加了些水，紧接着高江冽部长粗鲁地将手指插入酒杯搅了搅，完成兑水操作[2]。

随后部长一饮而尽，满面笑容地说了声"极品"。

"接下来会继续烧的吧。"大先生[3]说着也干了一杯。我赶紧补上冰块，将酒杯递给等候在一旁的新一。

"才刚开始烧起来。"新一小声嘀咕着，添上了一杯泡盛。

说话的不是一群消防员，而是一群日间照护护士。

---

1 泡盛是用大米酿造的烧酒，为冲绳特产之一。
2 日本人喝度数较高的酒时，会加冰或兑水。
3 此人单名一个"大"字，故称之为大先生。

这是一家位于那霸市小禄[1]的廉价居酒屋，名为"Lupin"。因为就在诊所附近，结束一天工作的男护士们每晚都会聚集于此。

"他们肯定在说秃头、胖子、瘦子又来了呀。"新一笑着说道。

秃头，毋庸置疑正是业务统筹部部长高江洌（五十九岁）。

胖子，体型巨大，胡子茂密，他每天只关注职业棒球，是一位名副其实的棒球狂热爱好者，名叫大先生（三十六岁，护理科股长）。

瘦子则是在干杯环节就可以连喝两杯，穿衣显瘦、脱衣有肉的帅哥新一（三十一岁，普通护士）。

我入职前的照护工作主要依靠这三位。大先生是指挥使，新一是执行军。职务最高的高江洌部长不知为何一人包揽了购物、开车等杂活。

可能这项工作中女性员工较多，而且人员变动比较频繁，负责日间照护的三位男护士异常团结，工作结束后常常聚集于此。

我因为不胜酒力且容易宿醉，所以第二天有工作的话，基本上不太愿意参加。但是每当体育系作风的大先生喊道"咚锵，走吧"的时候，我都无法拒绝。于是秃头、胖子、瘦子三人组中又加入了一个持有博士学位的矮子（二十七岁，普通心理

---

1 小禄为那霸市最南端的地区。

医生）。

提及心理医生，大家可能会感觉这是专业性极强的职业，但是一旦任职于某单位，不过就是一介工薪阶层，自然会收到前辈的饮酒邀约。到了之后，肯定是最底层的存在，必须承担勾兑酒水的事情。

我并不擅长公司职员间的陪酒活动，既不机敏，又时常走神，也不清楚别人杯子里还有多少酒。因此，我经常被高江冽部长和大先生训斥"一点眼力见没有呀"。每当此时，新一都会一边笑着一边替我往酒里掺水。

让大家见笑了，其实男护士们九成以上的话题都是棒球。秃头、胖子、瘦子都是读卖巨人队的狂热粉丝，只要一有空就开始谈论职业棒球。不凑巧的是，我在中学期间是棒球社团的候补选手，所以对棒球有些厌恶，没兴致聊这个。我试图将话题转到自己感兴趣的鬼怪内容上来，于是打断道："这附近有没有幽灵出没？"结果，大先生完全跳过了我的问题，直接说道：

"咚锵，你见过原教练[1]吗，你不是东京人吗？"

对于文艺类社团[2]的交流，我都难以应付，到了大学院后，更是完全丧失协调、社交能力。因此，对于男护士们的体育社团式聚会，我难以融入，但又束手无策。我仅是个工薪阶层，只能一边嘿嘿傻笑，一边小口喝着泡盛。啊，做一个社会人真

---

1 原教练，即日本职业棒球读卖巨人队的原辰德教练。
2 日本的校园文化中，文艺类社团一般比较平等、松散，强调交流；体育类社团注重前后辈关系，组织纪律更严密。

麻烦啊！工薪阶层真是不易啊！

但是，这天的聚会和以往不同。高江冽部长没用湿巾将头擦得锃光瓦亮，逗趣地对我喊道："咚锵，你看，越喝谢顶越严重哦！"他只是一味喝着泡盛，没有话多。我们也都心情阴郁。

"那个呀，接下来还会烧起来的。"高江冽部长抿了口泡盛说道。

"是啊，会烧起来。"大先生猛地干了一杯。

"现在还继续烧着的吧。"新一往大先生的杯中倒入泡盛。

"真痛苦啊。"我内心钻疼。

这一晚，我们并没有谈论棒球，而是谈起了"火灾"；没有谈论原教练，而是谈起了一位名叫百合的女性患者。

日间照护病房中发生了"火灾"，护士们为了灭火忙得不可开交，真是漫长的一日。

起火与救火

岿然不动者，如日间照护也。

日间照护中没有动静，上一章已经提及，接下来还会继续说明。没有动静，也就没有声音，连从窗户中射进来的阳光都几乎如慢镜头播放一般。总之，就是大家静静地"坐"着，百无聊赖地打发时间，这便是日间照护。偶尔，连钟表都停止不前。

那天早上，本来也是如此。

早间的活动（还是涂鸦这类让人觉得时间几乎停止了的活动）结束到午饭之间，时间真的如同静止一般。

成员一般坐在自己的指定座位上，什么也不做，只是静静地盯着桌子上的某处发呆。偶尔会传来呼啦呼啦翻报纸的声音，除了坐在"室主"近旁的康夫频繁走去倒茶以外，一切静如止水。就像幽深的古池塘一般，时间停滞。我坐在房间角落的椅子上，无所事事地看着这一切。

无聊至极。

这比在海上观察鲸鱼的生活还要清闲，困意渐渐袭来。实际上，里面的和室早就传出鼾声。这声音来自裹着毛巾睡觉的成员。我虽然也是一副昏昏欲睡的样子，但还是做不出上班时间公然睡觉这样神经大条的事情。

于是，我频繁看表确认时间。然而，指针纹丝不动。别说午休，五分钟都遥遥无期。

一切无比平静。不，应该是过于平静了。对于不满三十岁的心理医生而言，这一切都过于平静了。

因此，我心中不觉高呼：

"时间啊，过快点吧"。

不可思议的是，我的期盼不经意间竟传达至上天。

"你要杀了我吗?"突然，耳边响起女子尖锐的怒吼。

"你在说什么？你脑子有病吧。"紧接着男子粗厚的声音也炸裂开来。

停滞的时间在这一刻火光四射。

战火从和室冒出。刚刚还在静静安睡的两人突然发生争吵。

"我刚刚用过的。"二十多岁的百合大喊道，紧紧抱住覆盖身体的毛巾被。

"谁管你！"三十岁出头的隆二怒吼道，"净说些莫名其妙的话。"

日间照护病房瞬间紧张了起来，平静支离破碎，战争猝不及防。

"你要杀了我吗？"百合大声叫喊，"你想控制我！"

"莫名其妙！"

"他想要杀了我！"百合尖锐的声音再次响起。

我一时不知所措，呆若木鸡。日间照护病房突然发生争吵，情况紧急，我知道作为工作人员，自己应该马上采取应对措施，但是我又完全搞不清发生了什么，一时间束手无策。而且，和室里迸发的杀气让我胆战心惊。因此，我一时间身体完全动弹不了，只能看着事情发生。

"开什么玩笑！"隆二激动地怒吼，"给我道歉！"

"你给我道歉！"

"你以为你在跟谁讲话！"隆二说着，便要去抓百合的衣领。

"你想控制我！杀人啦！"百合又一次高喊道，"杀人啦！"

正在此时，那位穿衣显瘦、脱衣有肉的白衣天使从天而降。门诊挂号处的新一听到动静赶了过来。

"好了，好了好了，"他慢悠悠地说道，"百合、隆二，你们都冷静一下。"

新一动作夸张、搞笑地挤入两人之间，把自己的身体当作墙壁来制止他们的争斗。

"这是怎么了？发出这么可怕的叫喊，大家都非常淡（担）心呀！"

一切缓和了下来。本来即将炸裂的杀气因为新一的方言而缓解。

"是隆二，他要杀了我。"百合仍有些激动地说道。

"别说这种可怕的话，谁都不会杀你的。"新一说道。

"是吧，谁都没说要杀你。这家伙，完全神经病！"气氛刚刚缓和下来，隆二又再次怒喊道。

"隆二，深呼吸。对，慢慢地，慢慢地！"新一面带微笑，一边说着，一边紧紧抓住隆二的肩膀，尽力控制他的行动。这也是为了缓解他的激动情绪。事实上，隆二最初的凶狠之气的确平息了下来。

回头一看，穿着运动衫的胖子此时也把手搭在百合的肩上，说道："两位，大家分开谈谈吧。"

"就这么办。"新一回应道，并回头看了看其他成员，摆出一个帅气的微笑，"马上就到午饭时间了，大家帮着分发一下饭菜哦。"说完,大先生带着隆二,新一带着百合,分别去了不同的面谈室。胖子和瘦子瞬间便将战火熄灭,我坐着全程观看了他们完美的处理做法。

胆小的心理医生遭到训斥

中午的工作人员会议中,我被狠狠地教育了一番。

"咚锵博士,你就傻愣愣地坐在那儿是不是,我看到了。"总管范儿的女护士长惠子非常愤怒地冲我说道,"这种时候,应该立刻跑过去,进行调停,不是吗?新一的做法你看到了吧。"

我无言以对,她说的没错。作为在医疗一线工作的心理医生,我无比羞愧,只能垂头默默地回道:"对不起。"

现在回想起来,我依旧感到无地自容。我生来胆小,更不擅长调停争执。

我想起小学时代,朋友拜托我加入他们的队伍,约战另一个淘气大王的队伍。我爽快答应,还得到了 100 日元的报酬,结果放学后心生胆怯,就匆忙跑回家中,还用那笔钱买了冰激淋吃。

是的,我就是个弱鸡心理医生。所以,看到那种场面,我一瞬间失去行动能力,只能一边胆战心惊,一边在远处观望别人吵架。

不,不对,不单单是这样。

问题不单单在于我这种胆小的性格。为了守护我的名誉,我首先要说清楚，心理医生在这种时刻就是会束手无策。

日间照护工作中一旦发生冲突，护士们会立刻化身消防员，为平息战火全力以赴。这肯定是自护士鼻祖南丁格尔以来的传统。克里米亚战争爆发之初，她便投身战场，奔赴前线。南丁格尔不惧生死，不畏火焰，毫不犹豫投身于救护行动之中。护士具有这样的职业道德观。

发生任何事，护士总能立刻付诸行动。跌倒、发生混乱、受伤、身体不适、需要帮助之时，护士都会立刻伸出援手。这种行动是身体的条件反射。

但是，面对这类事态，心理医生总会慢两拍。

因为心理医生会先思考两个问题，即"发生了什么""应该怎么办"。这也有缘由。

心理治疗的对象是肉眼看不见的存在，面对的是受到伤害而失去控制的内心。如果有读者内心受过伤害、情绪受过扰动，不妨稍微回忆一下自己的经历（我希望大家有心情接着读完本书，此处稍微回想一下即可）。

当时，是否有一瞬间失去自我的感觉？是否感觉自己变成了一个与平时截然不同的人？这便是你的内心深处敏感、细腻又有些粗鲁的地方。

因此，我们在触碰他人内心之时，非常小心谨慎。我平时语速很快。不管是交谈还是讲座，我都是喋喋不休地以极快的语速讲话。但是，在进行心理治疗之时，我会大幅放缓语速。

无论对方说什么，我都仅回答"嗯"，然后用两次深呼吸的时间在脑海中思考对方的话语。如果想到什么的话，我会告知对方，一切都要细细思量。但是，在此期间，接受心理治疗的患者经常已经开始了另外的话题。

在心理治疗之中，我不会条件反射式地采取行动。就像夫妻之间发生不愉快之时，通常无须他人插手，当内心的痛苦展露在外，如若条件反射式地采取行动，往往会酿成一发不可收拾的局面。

比如，被伴侣指责"你收入真的太少了"的时候，我们会火冒三丈，但是如果被怒火牵引，就会条件反射地以冷酷的话语回击："你才更……"接着，谩骂之言不断循环，进而生出更为残酷决绝之语。本来可能只是纯粹出于心里难受，想要对方理解一下自己，但因为完全依赖条件反射，反而进一步扩大了内心的伤口。

况且，身体触碰并非易事。身体触碰到外部事物时，内心往往容易躁动不安。读一读少女漫画的话，就会很好理解这一点，男女单纯的庆贺击掌都可能引发一段爱情。因此，只有两人且极为私密的心理咨询室中，身体触碰容易引起不好的事情，比如性骚扰问题，或者让心理咨询师成为教主一样的存在（基督就是通过触碰身体而制造奇迹的人），产生麻烦。

因此，我停顿了一拍时间，思考"发生了什么"，然后又停顿了一拍，思考"怎么办才好"。思考清楚之后，我才会付诸行动。但是，此时护士早已跑了过来，与患者发生了身体触碰。

我只好眼红地看着他们的背影。

心理医生的治疗对象是人的内心，因此较为谨慎，护士面对的对象是人的身体，因此会条件反射式地采取行动。综上，新一先生能力卓越，而我既胆小又淡然并非因为性格，而是因为职业类型。论证结束，Q.E.D.[1]。

但是，这样的解释果然还是不够吧。

虽然我的上述思考有些道理，但仍有不妥之处。毕竟，也有心理医生可以很好地触碰患者的身体，在事件发生、战火迸发时立刻采取行动的心理医生的确更靠谱。因此，问题不能完全归结于心理治疗。

确实，这里存在着更根本的问题。在地铁里不能立刻给老人让座，也不会向突然倒下的路人伸出援手，我的害怕畏缩是另一大问题。这是在讨论心灵与身体之前就存在的严重问题。我说得有些混乱不清了，让我们再回到午休时的会议中来。

"那么，该怎么办呢?"日间照护主要负责人大先生话头一转，"这已经是第三回了。"

画着夸张的辣妹妆、身材圆润的百合女士在我入职前就已经在这里接受日间照护治疗了。她患的是精神分裂症，年轻时就已发病，一直反复进出医院。状态好的时候，百合极为可靠、

1　Q.E.D. 是拉丁语"quod erat demonstrandum"的缩写，意为"这就是所要证明的"。

温和、亲切；一旦发病，她就会出现严重幻听和被害妄想。最近几周她的情况日益恶化，在日间照护病房中频繁发病。

这次也是因为她对和室内毛巾被的使用问题产生恐慌，结果将隆二卷入战火。她经常因为一些琐事情绪波动，爆发怒火。对她而言，这样的时期是最痛苦的阶段。

"她说她吃药了，好奇怪，"新一说道，"我跟她爸爸联系看看。"

"是的，病情开始恶化了呀，搞不好又要住院治疗了。总之，先看看她接下来的情况吧。"大先生说完便结束了会议。

但是，大总管护士惠子离开会议室时还丢下了一句话："高江洌部长，我可是看到了。"

是的，我也看到了。高江洌部长与我一样，虽然在日间照护病房中，但是待在角落一动不动，静静地看着这场骚动。也有护士没采取任何行动。

秃头转头看向我，吐了吐舌头。我也吐了吐舌头。

虽说继续观察接下来的情况没错，但是刚开始燃烧起来的火苗不易熄灭。这天会是极其漫长的一日。

那天下午，百合失控了。

亢奋不已的女歌手

下午的活动是排球比赛，我们分坐在几辆面包车上，赶往位于冲绳最南端丝满市的体育馆。我坐在大先生驾驶的可容纳十五人的大型面包车的副驾驶座上。此时，坐在后排座位上的百合女士开始了个人演唱会。

"呜啦啦～，呜啦啦～"百合突然唱起了山本琳达的代表作，"呜啦呜啦哟。"

百合的个人演唱会开始得出乎意料，惹得大家不禁发笑。我也笑了起来。百合对大家的反应好像很满意，状态极佳，又唱起安室奈美惠的串烧曲目。虽然她的音准稍有欠缺，但莫名呆萌可爱，惹得大家笑声不断。

开着车的大先生也不禁发笑，但是从后视镜看到百合的身影后，他的表情变得冷峻起来。随后，大先生用沉稳的语气告诫道："百合，有点兴奋过头了哦，稍微冷静下吧。"

但是，百合却毫不在意："要不赶快办场卡拉 OK 大赛吧，我练习了很久，打算唱个十来首呢，比如西野加奈的歌。"

说完，她又投入地唱起"想见你，想见你"。

我从副驾驶座位上回头观察百合的状况，只见她神情僵硬，汗水直流，看起来十分痛苦。

"我呀，以后也许会成为歌手哦！他们都问我要不要出道，要不要发行原创歌曲，我偶尔也会认真思考这个问题。"百合说道。

大先生小声嘟囔道："糟糕了。"

夏天的体育馆就跟桑拿房一样，仅待在里面都会汗流浃背，体育馆的角角落落充斥着汗水的气味。

排球比赛在日间照护病房中是极受欢迎的几大活动之一。工作人员和成员随机组合，分成红白两队，进行对战。因为是团队竞技，即便个人有失误，队员也会立即弥补和挽救，就连平时不怎么运动的高龄成员偶尔都会打出好球，所以充满乐趣。

穿衣显瘦、脱衣有肉的新一人如其表，运动神经非常发达，而大先生则是一个灵活的胖子。但最让人意外的还是高江洌部长。部长高中时期曾参加过排球队，据说一度以参加高中校际比赛为目标，虽然身材微胖，但还是能够砰砰地扣杀进攻。这三人无一例外好胜心极强，因此每次对打都非常精彩。他们一直都认真对待比赛，全力以赴。

然而，我自从二十二岁进入大学院，再没参加过任何体育锻炼，因此毫无运动细胞。传球时，球会飞到完全相反的方向；垫球时，球会从主攻选手头顶飞过。即使我努力跳起想要扣杀进攻，每次也都错失时机。

"咚锵，姿势太丑了。"大先生嘲笑我。

我也知道自己太糗了，但是我很喜欢排球。每次在闷热的体育馆中挥汗如雨，我都感觉自己好像在接受康复训练。每次比赛后，我都会肌肉酸痛、异常疲惫，但是这种久违的感觉让人心情舒畅。读大学院的时候，我每天沉迷于"心灵、心灵"，感觉自己变得有些古怪，此时我的内心深处则有什么东西正在苏醒。

一场比赛结束后，进入休息时间。康夫已经汗如雨下，一杯接一杯大口地灌着茶水。我也一口气干掉了一瓶宝矿力[1]，真好喝。

环顾四周，百合正一边唱着山本琳达的《瞄准射击！》，一边用手比划手枪，瞄准在一旁练习发球的大先生。

我出声问道："百合，你在做什么呢？"

"完全打不中呀，"她说着，又继续比划手枪射击，"瞄准射击！"

一瞬间，我忍不住笑了出来。但是，并非开怀大笑，而是有些紧张。可能是因为出汗，百合油光发亮的浓妆有些花了。她浑身散发着浓烈的体味，让我不由得有些窒息。

百合如同呻吟一般继续唱着歌，还不停比划手枪，瞄准大先生射击。

她可能很喜欢大先生，看着她的样子我不由想到这点。

百合和父亲一起生活，没有母亲。她家好像是军事用地的地主，所以十分富裕，但是我还是感觉她似乎非常孤单。百合中学时期是小混混团体的一员，好像干过很多坏事。高中毕业后，她突然发病。住院以前，据说她身材纤瘦，十分受男生欢迎。但是，反反复复的住院，让她的身材逐渐圆润起来，精神状态也日益消沉。

1　这是日本的一种电解质饮料，由大冢制药株式会社研发。

可能对百合来说，大先生是如同母亲一般的存在。大先生虽然蓄着胡子，身材像熊，但实际上非常包容。在工作中，大先生貌似对一切都安之若素，其实一直极为关注患者的状态。看到被孤立的患者，他会马上上前搭话谈心；看到精神崩溃的患者，他会马上给予建议；看到有人违反规则，他会进行适当的提醒和叮嘱。大先生负责着整个日间照护工作，无论是员工还是患者，都对其信赖有加。大家总会觉得只要大先生在，一切都没问题。

百合应该也从大先生的关照中体会到被人守护的感觉了吧。因此，恰如小孩子对着母亲说"看、看"一样，她一边瞄准大先生射击，一边"呜啦啦呜啦啦"地手舞足蹈。

话虽如此，她的行为仍然充满异样，甚至有些悲壮。我虽然刚从事日间照护工作，但还是可以断定她正在被一种病态的事物支配。她其实十分痛苦。所以，我又说道："百合，要不要休息一下？"

"是呀，反正子弹也打不着。"让人意外的是，她温顺地回应了我。

我陪着步履不稳的百合一起走向观众坐席，希望靠着慢慢踱步，减缓她的行进，但是她兴奋的心情却丝毫不减。百合突然化身滨崎步，高唱狂舞。她不断迈着舞步，旋转跳跃。

突然，百合失去平衡，落地不稳，身体倾斜。

"哎呀！"伴随着一声细微惨叫，百合朝我的方向倒了过来。

她丰腴肥胖的身体整个压在我的胸口上，我赶紧想抱住，防止她摔倒。

但是，下一刻我又一次陷入犹豫。她身体的重量和柔软的感觉，被汗水浸湿而黏腻的皮肤，还有混着化妆品、香水味道的体味，清晰强烈。这一切都压迫着我的神经，让我感到不适。

不行！不可以触碰身体。

一瞬间，畏缩胆怯之感袭来，我极为抗拒触碰百合的身体。

然后，由于身体失去依托，百合摔倒在地，发出沉重的声响。

"啊呀！"百合发出尖锐的惨叫，体育馆内瞬间骚乱起来，"出血了，好疼！"

"没事吧？"我虽然这么问着，但完全不知该怎么办。

不，我知道此时我应该把她扶起来。我的身体也试图上前搀扶她，但是我却本能地抑制住自己的行动。不能触碰，该怎么办呢？

就在此时，大先生慌张地跑了过来，立刻伸出援手，触碰了百合的身体。

"百合，没事没事。放松，放松。"大先生说完，蹲下来抱起百合，"我们一起慢慢走。"

"出血了！"百合喊道。大先生马上让进入半癫狂状态的百合靠在自己的肩上。

接下来的一切进展迅速。精神科的护士很快平息了这一突发事件。

大先生一边帮百合处理伤口，一边跟她聊天，顺便问出了其实她近来都没有吃药的实情。

接着，三位男护士讨论了起来。

"不行，不能让她一个人回去。"高江沵部长做出决定，联系了百合的父亲。

百合的父亲马上就赶到体育馆。她还是非常激动，一直大喊："不要，我可以一个人回家！你想控制我吗？"即使她大吵大闹，"消防员"（指护士）还是以坚定的态度应对局面，告诉她应该入院，在精神状态稳定下来之前停止接受日间照护。

"可能需要住院，拜托了，实在不好意思。"高江沵部长对百合的父亲说道。

"我应该向您道歉才对。"百合的父亲满脸愧疚地表达歉意。

对于这一连串的事情，我呆立在一旁静静看着。

触碰"心体"

坐面包车回到一成不变的日间照护病房后，直至晚饭，再没有任何波澜，一切又回到了风平浪静的状态——纹丝不动的平和时间。

裕次郎一如既往反复折叠着纸巾，"室主"慢悠悠地抽着烟，康夫则在一旁咕嘟咕嘟地喝着一瓶 500 毫升的可乐。护士们写着病历记录，医务助理女孩们洗着盘子。这一天将要平稳顺利地结束了。再过一个小时，大家就该陆续回家了。

面对着如此的"日间照护和平"（Pax Daycare），我不禁深思："这是一种和平的假象。"

成员的平和安稳背后，总有火苗闪烁。今天是百合和隆二，上次是友香，明天可能就是"室主"。这种隐藏在背后的火苗时常会燃起熊熊大火。

出现这种状况的原因多种多样。可能是没有服药，也可能是人际交往中的琐事。任何事情都可能成为心态失衡的导火索，致使火苗瞬间迸发，引起大火。所以说成员的平和安稳其实是随时会崩塌瓦解的假象。纹丝不动的背后是一片汹涌暗潮。

当然，这不仅仅限于日间照护，我们的日常生活也是如此。平时作为社会人、家庭中的一员、学生，大家踏实且努力地生活着。但是如果被上司训斥、遭到信任之人的背叛或者陷入爱情的话，千篇一律的日常生活便会消失。此刻，内心深处隐藏的火苗便一下子燃烧起来，我们会变成和平时不一样的自己。于是，我们无法继续工作或上学，珍贵的人际关系毁于一旦，难以再理所当然地"待"着。我们的日常生活之所以可以维系，是因为一层薄薄的覆膜。

但是，日间照护病房患者的覆膜更为单薄，可以说是脆弱不堪。这层覆膜是由可燃物构成的，稍微一点儿事就可以引发大火。

因此，护士们每日奔波于"消防"工作。他们需要检查是否有火灾发生，稍微发现一点火光，便要在火势蔓延前将其熄灭。

每当此时，护士们便会触碰成员的身体，比如按住隆二的身体，抱起百合。当判断必须触碰身体时，护士们会条件反射地迅速伸出双手，安抚患者，减弱火势。

大先生等三位男护士，从十几岁开始就在精神病院看护重症患者，所以他们极为熟悉何时需要触碰身体。

是的，身体有时需要被触碰。但是，这与我们平常认知的"心灵与身体"中的身体稍有不同。这种身体介于"心灵与身体"之间，无法清晰界定，就像百合女士的妆容一样，乱七八糟地混杂在一起。

精神科医生中井久夫认为，将心灵与身体分开，仅仅是为了方便。

把心灵与身体区分开来更为方便，是因为这样做可以更好掌控两者。确实如此。比如，手指上长了瘊子，如果认为"这是心烦意乱引起的"或"这是鬼怪作祟"，问题会变得烦琐，不如用液氮冷冻来得快速有效。因此，将身体的问题归于身体，会更为便捷。同样，思考数学问题时，摆出瑜伽的姿势会使问题复杂化。再比如，每当坠入爱河时，就去心脏外科，绝对会出问题。所以，心灵的问题还是要归于心灵。

我们需要各个击破，这已经是老生常谈了。进一步解释说明的话，就和分而治之是一个道理，区分更有利于掌控。

实际上，一定程度上掌控着我们生活的近代科学，起源于哲学家笛卡尔提出的身心二元论。笛卡尔对世间的一切事物持怀疑态度，最终达到了"我思故我在"的境界。他认为心灵和身体是分开的，身体是身体，心灵是心灵。笛卡尔清晰地分割了本来混沌的世界，方便了人们认知和理解万物。

但是，事实上，人只有在内心从容不迫之时，才可以保持这种便捷的状态。心灵与身体不是永远分离的。换言之，平时看起来相对独立的心灵与身体，实际上也存在交织杂糅的部分。

在人们失去从容或被逼入绝境之时，这种交织杂糅便会呈现在外。比如，想到讨厌的人时肚子会痛，紧张时手指会颤抖，被扇巴掌时内心会破碎。精神状态不好的时候，心灵与身体极易交织在一起，最终生成某种混合的东西。

针对此点，中井久夫论述道：

分不开"心灵""身体"，融为"心体"，就会产生奇怪之感。[1]

情况不妙，陷入"奇怪"状态，心灵和身体的界限就会消失。此时，心灵和身体融为"心体"。大家可以回想一下，隆二在压制不住怒火的时候，并非愤怒的内心对身体发出了使用暴力的指示，而是他的"心体"在愤怒。百合冷汗直流，也是因

---

[1] 此处引自中井久夫、山口直彦：《看護のための精神医学》，第12—13页。——原注

为她的"心体"在不安战栗。我们也是如此。在坠入爱河时，并非只有心灵深处生出爱意，心脏也会怦怦直跳，我们全身心都会迸发爱情的火苗。

没错，火势蔓延，那层区隔的覆膜被燃烧殆尽，"心体"便出现了。

"心体"让人感到极为不便。一旦出现"心体"，我们就无法掌控自身。"心体"会失控暴走，就像憋尿憋到极限时，我们会感到自己变得不像自己，完全受到"心体"支配。

这一点很重要。可以区分心灵和身体时，我们也可以明确划分自己的世界和别人的世界。心灵和身体极为隐私，是谁都不能随意插手的神圣不可侵犯的领域。在拥挤的车厢内，人们讨厌和别人发生身体触碰，正是由于觉得私人领域遭到侵犯。

但是，一旦出现"心体"，原本隐私且封闭的领域便会敞开大门，将内部全貌展示于他人眼前。"心体"是自身丧失掌控能力的状态，因此也会牵连他人，当时百合的身体就希冀被拥抱，隆二的身体就渴求被压制吧。连我们也是如此。发烧之时，受伤之时，失眠之时，想哭之时，我们的心灵和身体会混杂在一起形成"心体"，祈求被触碰。

不仅如此，"心体"还具备传染力。目睹他人的"心灵与身体"混杂一体，行为出格的时候，我们也会陷入相似状态。看到有老人倒在眼前，我们会坐立不安，马上伸出援手，正是"心体"做出的反应。毫不设防地展露自己混杂的世界，也会使得他人陷入类似的交织杂糅状态。最具代表性的例子就是性行为。陷入"心体"状态的两人融合在一起，彼此的隐私、界限完全消失。

思考至此，我突然意识到，我之所以无法触碰百合的身体，是因为害怕陷入"心体"的状态。将自己的私密世界暴露出来，会让人产生不悦之感。

在学习心理治疗时，我被深深灌输了"我是我，你是你"的观念。关注心灵问题的心理治疗，主要是在私密环境中处理个人的隐私，所以会将"我是我，你是你"这一现代化的个体观念作为一大前提。尊重别人严格守护的内心防线，不随意侵入别人的私人领域，我曾学习如何最大程度地做到此点。如此说来，我绝对算是笛卡尔的继承者。

我可能无形无状，可能并不存在于哪一个空间，可能无处安身立命，但都不能假设我不存在。[1]

这是笛卡尔区分心灵和身体，提出近代自我观念时所说的话。心理治疗的基本要求是划清界限，保持绝对孤独。因此，我极为抗拒私密世界的防线就此崩塌。

然而，日间照护却截然不同。日间照护的对象是容易陷入

1　此处译文参考《谈谈方法》(陕西师范大学出版社 2023 年版)，第 26 页。

"心体"状态的人们。正因为区分心灵和身体的覆膜容易焚毁消失，所以需要与其他人一起"待"着，这些患者便聚集在日间照护病房中。他们的隐私完全展露于别人眼前，自然也需要他人陪伴。

当时，大先生和新一并非触碰患者的身体，而是触碰患者的"心体"。他们把自己的"心体"与百合的"心体"重叠在一起，确保患者可以继续维持"待"着的状态。失去平衡、丧失掌控、出现"心体"的一个人，只有和其他"心体""待"在一起，才能恢复平静。

我那时并不明白此点。我害怕自己也陷入"心体"的状态。但是，"待"在日间照护病房中，必须适应这种状态，也必须适应他人的体味和黏腻的肌肤。若非如此，则难以胜任工作。

我必须要向护士们学习。

正在此时，突然传来"哇"的一声惊叫，紧随其后传来"砰"的一声闷响。

声音来自吸烟室。我回头看去，发现康夫身体倾斜、口吐白沫，全身痉挛的他从椅子上滑了下来。

这一次在思考发生了什么之前，我先付诸了行动。

"心体"做出反应。

打开吸烟室的门，映入眼帘的是一个祈求被触碰的"心体"。因为他不希望自己受伤，也不希望窒息。于是，我被陷入"心体"状态的康夫牵连了进去。

"别碰。"传来一个这样的声音，我维护私密世界的内心正在抵抗。但是，我无视了它，下定决心大步向前。

之后，我完全被"心体"支配。"心体"状态的我伸出手，触碰了同样陷入"心体"状态的康夫。

有人叫了救护车。

这真是糟透的一天。

我辞职前，你不许辞职

让我们回到故事开头。

"该烧的时候还是会烧的。"秃头干了一杯酒说道。瘦子马上擦干酒杯，矮子加入冰块，瘦子又斟上泡盛，矮子添上水。"一旦烧起来，必须等到烧完。"

百合肯定还在烧着，要去住院。当心中某个东西燃烧殆尽后，她会再次回归日间照护病房。迄今为止，她的人生一直在重复这个过程，今后可能还会继续。

"喝太多了。"大先生一边说着，一边又干了一杯酒。

"确实喝多了哦，"新一已经不知道倒了多少杯酒，"咚锵也要注意哦，喝多了会变成那样。"

"不能喝多。"我回忆着傍晚的事情，端起酒杯喝了起来。

康夫的发病是因为水中毒。他在一天之内摄入了过量的水分，导致血液中钠元素含量降低，引发了病症。康夫平时也有过量饮水的习惯，大先生每次都会叮嘱他，但这天确实没能顾及他。不过，从"心体"状态中恢复过来后，康夫还是会回来的。这也是日间照护病房中反复发生的事情。

"太累了，好想安定平稳地工作。"大先生说道。

"是吧，真的好累啊。"新一说。

我也附和着点头，我也想安定平稳地工作。

"大先生，只要在这里，绝对不可能。"高江洌部长自嘲地笑道。

是的，我们都很难安心。或者说，我们处在一个极不安定的状态中。

不是百合和康夫的问题。日间照护工作常常如此，爆发火灾，赶赴灭火。我们每天都处在这样的状态中。我们的人生如此，日间照护工作亦如此。因此，这并非什么大状况，只是工作的一环。

问题是，当时的日间照护病房正面临着更根本的危机。

有一位医生辞职了，因此不得不调整各类制度和规则。变化非常大。接下来会如何？前路灰暗，谁也不清楚。每个人内心都极为不安，不知日间照护病房是否可以照常运转。

我们这一群工作人员当时极不平静，内心的火苗蓄势待发。

我会想：百合失控是否缘自我们这群工作人员内心的动摇？日间照护病房规则的一系列变化，是否使她产生被支配的感觉？

康夫出现水中毒，是否也是因为那时大家关心不够？

我们的不安，是否威胁到他们"待"在这里？

正因如此，我们频繁在居酒屋"Lupin"聚会。正因如此，我们重复着无聊的话题，推杯换盏。

工薪阶层的人际关系十分麻烦，因为我们隶属于各个组织，不得不配合他人，无法随心所欲地做事。但是，工薪阶层也有好处。遇到困难、产生不安时，都是和别人一起的。一个人工作的话，没有这样的优点。大家倾诉、抱怨讨厌的事情，分担不安，一起喝酒。正因如此，感觉总有办法。

我想秃头、胖子、瘦子怀有同样的心情。为了打破沉重的气氛，新一说道："尽人事、听天命，总会变好的，妹（没）关系的。之前不也一样？"

听到他温和的方言腔，我倍感轻松，于是又喝起了泡盛。

不过，我不禁纳闷：之前也有类似的事情？什么样的事情？

我对于日间照护病房还是知之甚少。

高江洌部长眼神迷离了起来。每当部长露出婴儿般的表情，就差不多到了聚会结束的时候。

但是，大先生依旧继续喝着泡盛。我添上冰块，倒上泡盛，加入水，然后用调酒棒搅拌。这些事情我已经非常熟悉了。虽然打完排球的我肌肉酸痛，但是给泡盛兑水还是不在话下。大先生突然开口："咚锵，可以跟我做个约定吗？"

"什么约定？"

"在我辞职前，咚锵不可以辞职。"

"终于，咚锵也被点名了呀。我也曾被大先生这么要求过。咚锵，一起加油。"

"说好了哟，这是男人们的约定。"大先生说着，干了手里的泡盛。

我已经醉了，所以未加思索就答应道："知道了，我保证。"

大先生接着嘟囔道："说好了哟。"

如此，我成功加入了秃头、胖子、瘦子的团队，正式成为其中的一员。

但我马上意识到：大先生打算辞职吗？还是因为"待"在这里十分痛苦，所以不得不和大家约定"不辞职"？这到底是怎么回事呢？

我向大先生询问道："到底这里有什么秘密呢？"

"不告诉你。"大先生笑着，"你要是能在这儿工作两年，我再和你说。"

最终，我也没能从大先生那里得到答案。但是，即便他不告诉我，我后来也明白了。不仅如此，我甚至被卷入了不祥事件的中心。

当然，此时的我还一无所知。和秃头、胖子、瘦子在一起，让我觉得"总会变好的"，倍感安心。我用调酒棒不断搅动着玻璃杯，里面的冰块发出哗啦哗啦的声响，随后慢慢消融。

博士特别的接送工作

早晨的家居百货停车场

在冲绳的时候，我是一个习惯早晨办公的临床心理学学者。不，准确来说，只有早晨才是临床心理学学者。

就像狼人只有在月圆之夜才会变成狼身，吸血鬼只有在晚上才能飞翔，灰姑娘只有在午夜十二点以前才能化身公主一样，我只有在早晨五点到七点之间，才能做一个临床心理学学者。

五点，手机闹铃响起，我便会立刻起床。电热水壶煮水的片刻，我会在阳台抽一根烟。那霸市的早晨非常不错，虽然感觉马上就会变得闷热，但是残留的夜风凉意仍旧让人心情舒畅。抽完烟，我会泡上一杯廉价速溶咖啡，然后慢慢打开电脑。

接下来的两个小时，我会撰写论文。那时，我正在撰写关于精神病患者心理治疗的论文。我反复使用"抑制""投射"这类咒语般的专业术语，论述患者在接受心理治疗时会发生什么，治疗者应该如何介入，最后患者内心会发生什么样的变化。

使用晦涩语言，不加入一句玩笑，撰写充满逻辑性的文章，这让我陶醉其中不能自拔。我是一个多么聪慧的临床心理学学者呀！我甚至认为睡觉也是浪费时间，一心学术，觉悟超高。那时，我还觉得 TBS 电视台的《情热大陆》和 NKH 电视台的《行家本色》会来采访我，所以干劲十足。

但是，我每天只有两个小时可以做一个临床心理学学者，一到七点，魔法就会全部消失。

七点四十五分，我坐在可容纳十人的"海狮"牌面包车的驾驶座上，身穿短裤和黑色 Polo 衫，戴着墨镜，手握方向盘，驶过濑长岛的景致，直至抵达几乎无人的家居百货的停车场。不知是谁落下了运动鞋，车内汗臭味熏天，异常刺鼻。

我正在做着接送工作。上一章提到，日间照护病房的工作制度发生了变化，员工开始轮流早晚接送患者。驾车去接无法独自来日间照护病房的成员，白天结束后送其回家，也成为我们的一项工作。

最近来到日间照护病房的患者玉木，是一位五十多岁的长发男子，今天也迟到了。因为接送专用联络手机一直未收到任何消息，我想他应该马上会来的吧。与其待在充斥着汗臭味的车内，不如下车抽口烟。早晨的空气让人神清气爽。

环顾四周，家居百货还未开门营业，停车场里没有其他人和车辆，略显寂寥。我突然感到有些丧气。刚才我还是一个撰写着高深论文的朝气蓬勃的临床心理学学者，转眼间却变成一个负责接送患者的司机，不觉怅然若失。我到底是怎么了？

接着，我的脑海中浮现出一些阴暗的想法。

"我这是被流放了吧。获得博士学位，却开着'海狮'牌面包车接送患者的临床心理医生，找遍整个日本应该也就只有我吧。"

我不禁想起菅原道真。是呀，被流放原来是这种感觉，我对菅原道真产生了共鸣。菅原道真后来变成怨灵出来作祟，我自然也有权随意抓住熟人吓吓他们。正当我预谋着这些阴险计划的时候，对面传来粗犷的声音。

"你好，"伴随着精神十足的问好，穿着华丽的夏威夷 T 恤的玉木拖着脚走了过来，"今天是东畑先生当值啊，不是美沙吗？真不走运！"

我回过神来，说道："早上好，你迟到了哦。"

"不好意思，做了个很长的梦，"玉木毫不在意地用方言喋喋不休道，"一大群乌鸦朝着我飞来，太可怕了。"

这极像精神分裂症患者会做的可怕之梦。我回了句"这太可怕了"，不再多言。

玉木也是精神分裂症患者。他没有家属，靠政府低保独自生活。因数年前伤了腿脚，他不怎么运动，之后又患上了糖尿病。但是，他对此毫不在意，每次还是往咖啡里加入大量的白砂糖。因为腿脚不便，他无法独自来日间照护病房，所以需要我们接送。医务助理女孩比嘉美沙深得其心。

在和成员的交流之中，我开始了一天的工作。

发动引擎，转动方向盘。汽车疾驰在丰见城的乡间道路上，沿途逐一接上其他患者，最后赶往日间照护病房。我打开车内音响，里面传来热闹的音乐，应该是昨天负责接送工作的比嘉美沙落下的 CD，美国歌手妮琪·米娜唱着 "FUCK""DANCE" 之类的歌词。

"这歌很不错呀，我以前也经常跳舞的，"玉木说着，跳起冲绳当地的手舞，"下次想和美沙一起跳一整晚。"

"啊哈，说啥呢!"我用冲绳方言笑着回应。

负责医疗事务性工作的女孩们

早晨的魔法消失后，临床心理学学者会变成司机；踏入诊所的心理咨询室后，又变身成临床心理医生。换上白衬衫和休闲裤，穿上白大褂，我摇身一变，成了一名心理治疗专家。但是，结束心理咨询后，我进入日间照护病房时又会脱下白大褂，转而变身为一名泡大麦茶的服务小哥。就像狼人一样，伴随着穿衣脱衣，我反复变身，忙碌不堪。

"待"在日间照护病房里的时候，我到底是什么身份呢?

我会和患者一起做菜、洗碗，用吸尘器吸地，用抹布擦拭桌椅。要出门去哪里的时候，我会立刻准备饮料，把必需品搬上面包车，确认人数后发动引擎，途中也会和患者交谈。在病房里无事的时候，我则静坐"待"着。

我90%的工作都和母亲每天忙碌的事情一样，完全不具备专业性。

所以，"待"在日间照护病房时，我并不是一个临床心理学专家，只是个外行，对此我困惑不已。

我的确取得了临床心理医生资格证及博士学位（如同落魄武士总是怀揣着对都城的回忆），毋庸置疑，我是一名临床心理学专家。

但是，如果说我以临床心理学的方式从事接送和洗碗工作，也很奇怪，压根不存在这种说法，至少教科书上没有写过。确实，我并没有依靠心理学家深邃的洞察力来变换车道。毫无疑问，我从事的是非专业性劳动。

虽然我在简历证书栏中填写了临床心理医生和普通机动车驾驶两种资质，但显而易见我十九岁时在东京目黑区的驾校考取的后者价值更高。我曾经因为不会倒库，迟迟拿不到临时驾照[1]，幸好那时没有放弃。

在这一点上，负责医疗事务性工作的女孩们表现得更为积极。

她们高中毕业后，没取得任何资格证书就入职了。冲绳工资水平低，而且基本都是招聘临时员工。但我所在的诊所招聘的都是正式员工，对高中毕业者也会破格支付超高薪水，所以每年的应聘者络绎不绝（与我择业时的情况一模一样）。

她们在诊所中负责各种各样的事情。本来就是作为事务性人员被招进来的，她们不仅要接待患者、开具收据、管理工资，每周还要轮班负责日间照护病房中的日常工作，比如做饭、打扫、接送等，有时也要和患者一起玩扑克、打排球、聊聊天。如果没有她们，日间照护工作将难以维系。

1　在日本，驾考合格后，会先办理临时驾照。

玉木很喜欢的比嘉美沙也是她们中的一员。浓妆艳抹的她比我入职晚些，算是我的后辈。和外表一样，她的经历与一般的医务助理女孩不同。

比嘉美沙十几岁时因为怀孕而从高中退学。孩子的父亲有天突然离她而去，不知所终，她没有结婚就独自抚养着一个女儿。这种事情在冲绳女性中屡见不鲜。她把孩子托付给母亲，晚上出门上班，在当地酒吧穿着艳丽的裙子，给客人倒酒点烟。她以前的同学偶尔会来玩，每当此时她都觉得"糟糕透顶"。

不知何时起，她想在白天上班，所以努力读完函授教育课程，获得了高中毕业证。然后，她应聘了医务助理的工作。

她比其他女孩年长一些（也就二十三岁），行事果断，极具大姐气度，所以大家都很喜欢她。她也是医务助理女孩们的精神支柱，经常带着单纯的姑娘深入夜生活。

在比嘉美沙的带领下，姑娘们向着夜生活进发。她们时时在那霸市里名为"松山"的迪厅欢跳到清晨，偶尔还会去牛郎店体验一把，其间生发的恋情有时甜蜜，有时不顺。她们有充足的金钱和体力玩乐，先从早到晚工作，然后整晚流连于灯红酒绿中，接着又从早到晚工作。

刚入职的医务助理女孩们非常天真烂漫，不久前她们还只是一群高中生。但是，在这里工作一年后，她们马上就会换上大人面孔。

之前在家里完全没有帮过父母的忙，没有做过饭、洗过衣服、打扫过卫生的少女们，不知不觉间已经可以完美应对日间照护工作中的非专业事务了。即便立刻成为母亲，她们也足以胜任。这些姑娘们确实也一个个成了母亲，恋爱、怀孕、生子，然后辞职离开。

每当此时，比嘉美沙总会鼓励她们："加油哦。"可能因为自己也经历过，她对女孩们非常温柔。"如果那些臭男人对你们做出什么坏事，一定要告诉我，虽然我自己也一团乱麻。"

正值青春年华的医务助理女孩们和作为临床心理医生养家糊口的我，做着完全相同的工作。显而易见，我更不中用。这是真的要命——因为我把车撞得破烂不堪。

最爱"向后看"的临床心理医生

在日间照护工作中，我们经常需要外出，比如去体育馆打排球、踢足球、打羽毛球，去棒球场打棒球，或者去南风原"佳世客"商场练习购物。日间照护需要整个地区的共同支持。但是，平日中午在大妈排球队旁边的球场上举行羽毛球比赛，我还是会质疑自己是否在工作。

无论如何，只要出门就不能没有"交通工具"。因此，无论是护士、医务助理女孩，还是持有博士学位的心理医生，都经常会充当司机，用车载上患者，朝着体育馆、购物中心等目的地疾驰而去。

虽说有时会被邪恶想法控制，内心生出作祟的恶魔，但我其实很喜欢开车。"海狮"牌面包车的驾驶座位置较高，动力十足，比起我那个像玩具一样的小汽车，开起来更为爽快。

一边开车，一边和患者聊天，也让我心情舒畅。虽然绝大多数患者和在日间照护病房没什么两样，只是静静地坐着眺望窗外，但是在车上聊天时，有时会得到意想不到的回应。

我开口说道："下周就是排球比赛了。"上次水中毒后很快康复回归的康夫，如果在平时只会回一句"是的"，但这一刻他咧嘴笑着回答了一句完整的话："我身体废了，不行了。"

车上便于交流，不用对视就可以自然地进行。

"身体怎么不行了？"车子抵达了体育馆的停车场，我一边倒库一边问。

"手×过度了。"这一句不得不打上马赛克的羞耻回答，惹得大家捧腹大笑。

"厉害了，"喜欢低俗段子的玉木此时兴奋起来，"好色情啊，康夫你真流氓。"

正在此时，耳边传来"吱吱嘎嘎吱吱嘎嘎"的奇怪声响。

回头一看，整个后车窗出现了巨大的裂缝，好像是撞到了什么。

"啊啊啊啊啊！"我大惊失色，急忙踩下刹车，但也于事无补了，不知道是什么东西撞穿了后车窗。车子停了下来，一根圆木撞碎后窗玻璃插入车中，紧贴着康夫的脑袋。

康夫立即大叫起来："我不会要死了吧！"

发生了事故。

我倒车的时候撞上了停车场中突出的木头。

慌忙赶来的高江冽部长马上联系了警察，然后又给 4S 店打去电话说明情况。

开着另外一辆车赶来的比嘉美沙，看到被撞得破烂不堪的面包车，毫无礼貌地偷笑了起来。真是个让人火大的家伙，但此时我没资格说别人。

大家在体育馆里挥汗如雨地打排球的时候，我一个人在停车场等待着警察和汽车经销商。散落在柏油路上的玻璃碎片，在炙热的阳光下闪闪发光。

"果然还是不擅长倒车呀。"

这都怪那个明明知道我不会倒车，还颁发给我临时驾照的驾校大叔。这个时候，我也只能将错误归咎于他人。

回到诊所后，总管范儿的女护士长惠子把我狠狠地教训了一番。

"东畑博士，你也太不小心了。安全第一，你不知道吗？要注意观察后方。"

我完全无法反驳，然后写下了人生中的第一份检讨。"我保证今后在停车的时候，一定、绝对会注意观察后方，仔细确认周围环境。"

至此，我成了一个最爱"向后看"的临床心理医生。

依赖性劳动：在河边洗衣服

患上后视镜观察强迫症的我，依旧做着司机的活，因为无法推掉接送工作。

有些工作，无论你多么不擅长，还是得做，否则一切就无法顺利运转。

如果你不具备一定的水平，最好不要做专业性工作。外科手术、心理治疗等，初学者绝对无法胜任，因为一旦失手，就会给对方造成致命伤害，其中蕴涵风险。专家们都是接受过训练、积累了经验，才获得一定的从业资质。

但是，非专业性劳动却不一样。再笨的人也会洗碗。如果谁都不洗碗的话，厨房就会变得脏乱不堪，无法使用，换言之，就无法继续提供餐食。家务也是如此，为了不影响日常生活，必须有人去做。

因此，我依旧充当着司机。如果我不开车，那么大家就不能去体育馆打排球了，最麻烦的是，玉木就无法来日间照护病房了。只要避免事故，将对方安然无恙地送到，就算顺利完成任务。这个工作不需要像竞速比赛那样争分夺秒，无须朝着体育馆急速行驶。

现实虽是如此，但对于一些事情我还是无法理解。我究竟在做什么？我被发配后，究竟流落到了哪里？我变成了什么人？

我想花点时间思考这些问题。

女性主义哲学家伊娃·费德·基泰（Eva Feder Kittay）提出过一个耐人寻味的概念。她将这些非专业性劳动称为"依赖性劳动"。

依赖性劳动，指照护陷入脆弱状态的他者的工作。依赖性劳动，可以维系亲密群体间的羁绊，或者它本身就可以创造亲密和信赖的关系，构建联结。[1]

依赖性劳动，就是针对如果没有他人关照，便无法维持生活的人群，给予照护，即接受脆弱人群发出的依赖请求。

确实如此，我在日间照护病房中从事的就是依赖性劳动。如果没有人接送腿脚不便的玉木，他便不能来接受日间照护。为了不让康夫被妄想吞噬，日间照护病房中总有人陪着他。活着这种最基本的事情，他们都需要依赖于他人，而作为工作人员的我们，则承担了他们的依赖需求。

1　出自伊娃·费德·基泰的 Love's Labor，此处引自日译版《愛の労働あるいは依存とケアの正義論》，第85页。——原注

这与照顾小孩的母亲一样。孩子们无法自力更生时，就需要母亲协助，帮他们换尿布、喂他们吃饭、为他们洗衣服。母亲会满足孩子的一切要求，接受孩子的依赖。

这样一来，母亲的工作就变得繁多杂乱。母亲肯定不会说："虽然我对于喂奶没有什么意见，但我并没有答应换尿布。"发出这种抱怨也许并没有错，但是如果没有人为婴儿换尿布，他们的屁股就会起斑疹。

照护就是如此。在某一方面脆弱而不能自理的人，会产生各种各样的需求。此时，就需要有人随时伸出援手。我泡大麦茶，用抹布收拾掉在地板上的冲绳荞麦面残渣，是因为必须有人做这些。

基泰也强调依赖性劳动很难被视为专业性工作。

谈及依赖性劳动，大家最容易想到的是一个人应对所有工作的形态。当工作被合理化、专业化之后，就不会再被视为依赖性劳动。[1]

⋯⋯⋯⋯⋯

在社会学中，母亲从事的工作被视为分散式功能劳动，专家的工作则被视为特殊性功能劳动。[2]

1　此处引自《愛の労働あるいは依存とケアの正義論》，第 85 页。——原注
2　同上，第 98 页。——原注

此处的话语有些晦涩，我来解释一下。大家想想原始社会。当时，人类聚群而居，从事相同的劳动。大家一起狩猎，一起点燃篝火，一起做饭。虽然男女老少之间可能有不同的分工，但工作差异绝不会像"我要建立银行 ATM 系统，你去改良咖啡豆的品种"一般大相径庭。然而，伴随着社会不断发展和日益多元，分工逐渐明晰，专门的职业应运而生。

照护也是如此。原始社会中，人们肯定也会照顾病人和弱者，助其走路，帮其进食，哄其睡觉，抚其身体。

我一度极其关注黑猩猩的生活，屡次实地调研取材。当然，黑猩猩不会说话，所以我主要采访了灵长类动物研究专家、饲育员及兽医等人士。我了解到，黑猩猩在感到不安、心情郁闷时，会互相触碰或轻咬身体，以此照护对方。

因此，对我们而言，依赖是基本需求。脆弱之时，我们会依赖别人，寻求照护。同时，我们也会照顾、照护其他弱者。这是我们的本能。

这种原始的照护，逐渐被归入专家的工作。于是，出现了专门治疗身体的医生、调配饮食的营养师及处理心理问题的临床心理医生。各种各样特殊化的职业相继诞生。中井久夫在其著作中提及护理早于医学，照护也应该早于治疗。

依赖性劳动，就是未被专业化的照护工作。因此，当需求出现时，我们就必须承担所有的事情。

然而，人们对依赖性劳动的社会评价过低，导致问题进一步复杂化。基泰也指出了这点。虽然她是哲学家，但孩子身患障碍，她日夜照护，心中一定有诸多挣扎，所以才会对依赖性劳动有如此深入的思考：

后工业时代中，专业性工作逐渐可视化。与之相对，现代社会中的个人主义倾向使得依赖性劳动较难被可视化。虽说专业性工作要求较高的技能水平，但可以获得高报酬；依赖性劳动即便不是无偿提供，薪资也十分低微。[1]

是这样的。

我们生活在一个以独立的个人为前提的社会中。无论在幼儿园还是小学，大家肯定听过"自己的事情自己做"，可以独立完成事情的孩子会得到"真聪明"的褒奖。这个社会是由能够自立、承担责任的个人构成的。正是在这样的前提下，我们的社会才得以运转。

因此，自立的价值更易得到认可。丈夫去公司上班，妻子是全职家庭主妇，丈夫就会被视为家中的经济支柱，妻子则被视为依赖于丈夫的存在。

但实际上并非如此。丈夫也依赖着妻子。丈夫完全依赖于妻子为他做饭、洗衣、打扫卫生，妻子满足了丈夫在生活中最为基本的需求。大家可以联想一下桃太郎的故事。老爷爷能出门砍柴，是因为老奶奶去河边洗衣服，从事着依赖性劳动。

1　此处引自《愛の労働あるいは依存とケアの正義論》，第 99 页。——原注

依赖性劳动不易被发现。老爷爷很难察觉老奶奶的价值，老奶奶自身也会觉得"我不会砍柴，只是洗洗衣服"。

在赞扬自立的社会中，大家容易忽视依赖行为，满足人们依赖需求的工作的价值因而被忽略、降低。在河边洗衣服是很辛苦的，尤其是身处巨大桃子漂来的危险环境之中。

大家看看周围，就会发现依赖性劳动的社会评价极低。儿科医生的工资很高，而保育员的工资很低；运营老年人资产的基金经理的收入很高，而照护人员的收入很低。这并不是与我自己不相关的事情。先前，我一直认为心理治疗比心理照护更酷、更好。

正因如此，我感到受伤。

正因为社会对于我现今从事的非专业性工作的评价不断在脑海闪现，所以我才会觉得从专家的国度被流放至此。

重新回到"我究竟是谁"这个问题。在开车接送患者的时候，在冲泡大麦茶的时候，我还算是临床心理医生吗？我困惑不已。因此，我的心里会浮现诅咒之语，但内心深处的幽灵公主[1]会冲着我喊："不可以，千万不能变成作祟的邪魔。"

穿梭于冲绳

在日间照护工作中，我差不多转遍了冲绳的景点。日间照

---

[1] 此处借用宫崎骏的动漫作品《幽灵公主》。

护中有一项兜风活动，不限制去哪儿。因此，大家一起参观过名护市的"Orion"啤酒工厂，品尝过冲绳南部奥武岛著名的天妇罗，归途还专门到大片的甘蔗地里肆意奔跑。我们甚至去过冲绳北部的美丽海水族馆。开着"海狮"牌面包车，就能四处兜风。

但是无论去哪里，工作人员做的事情都差不多。载着众人一起出发，抵达目的地刚喘口气，就马上又要开车带大家回来。无论是去边野古，还是去与那原，抑或是斋场御岳，安全到达目的地，喝瓶 39 日元的可乐放松一下，再安全载着大家返回，这便是一天的工作。

这天的目的地是滨比嘉岛。这座美丽的小岛与伊计岛、宫城岛、平安座岛一样，与冲绳本岛跨桥相连。驾车行驶在从胜连半岛笔直延伸出去的海上高速公路上，心情倍感舒畅。在浅海上方疾驰，恰似在空中翱翔一般。

这天我和比嘉美沙同车，去的时候是我驾驶。

因为受到后视镜观察强迫症的影响，我一直心系安全驾驶（停车时小心观察后方）。我努力做好该做之事，从容不迫地预留了中途在服务区上厕所的休息时间，下车清点人数，全员一起上完厕所，再一起返回。最重要的是，不能把任何一个人落在服务区。如果电影《小鬼当家》里那个冒失的母亲有过日间照护工作的经历，假期出行时肯定不会把孩子凯文落在家里。

玉木也坐在我们的面包车上，热情地跟比嘉美沙说着话。

"美沙呀，我最近酒量变得很差。"

"咦，这样啊。"

"是呀，喝上 1 000 日元左右也就醉了，很划算的。"

"这样呀。"

比嘉美沙的态度很差，坐在副驾驶座上一直玩着手机。

玉木毫不在意地继续喋喋不休："美沙，下次一起去喝酒，可以和我跳个舞吗？我过去也是不务正业，常常约女孩一起喝酒、跳舞，真是怀念啊。"

"不行。"美沙答道。

由于美沙过于冷淡，我赶紧打圆场道："那么，就换康夫和玉木一起去吧。"说完，我透过后视镜看向康夫，他咧嘴笑着说：

"我的话，还是喜欢去风俗洗浴中心，带我去吧。"

"哇哦，康夫，你可真是个坏家伙，比我还坏。"玉木笑着说。

比嘉美沙的表情丝毫未变，甚至感觉更加严肃冷淡了。

车子抵达了滨比嘉岛深处浅滩附近的停车场。医务助理女孩里最年轻的广子逐一为大家分发 39 日元的可乐。虽然在这里停留的时间不长，但大家可以自由活动。

我邀请了成员康夫和淳子一起去海岸深处的钟乳洞参观。据说，冲绳的创世神阿摩美久与志仁礼久曾住在这里。我对宗教和神话极为感兴趣，所以提前做了功课，计划到了滨比嘉岛一定要去看看。

　　钟乳洞在茂密的森林之中，作为冲绳圣地的御岳大多也是如此。因受泛灵信仰的影响，冲绳的圣地通常并不放置什么神像，森林本身就是神圣之域，仅设有香炉或堆放石块。这便是"此处供人信仰的对象"。

　　滨比嘉岛的圣地却与神社一样建有鸟居，极具宗教气息。这在冲绳是十分罕见的。穿过鸟居，爬上阶梯，映入眼帘的便是一大片森林，钟乳洞和巨大的岩石隐藏其中。

　　洞穴入口处设有围栏，无法进去。围栏上绑着红色和粉色的绳子，充满南国风情，十分漂亮。森林阻断了一切噪音，万籁俱寂，空气寒凉，用西行法师的话来说，便是"不知此地何人居，敬畏之心惹泪潸"。冲绳的宗教信仰，正是如此感性的存在。

　　我说"真是让人感慨万千"，康夫歪着脑袋，好像在说"搞不懂"，淳子则双手合十，静静地开始祈祷。冲绳人对祈福之事了如指掌，淳子的动作格外优美。

　　回到海岸边，患者们此时正坐在长椅上，呆呆地眺望着大海。视线尽头，医务助理女孩们正在海里嬉戏打闹。为了防御紫外线，她们用毛巾裹着脸，戴着墨镜，宛如农家女孩一般，在浅滩处泼水嬉戏。

　　仔细一看，玉木也十分开心地混在女孩之中，我虽然担忧他的脚，但看到此情此景，心想应该无大碍吧。

我躲在福木树下乘凉，看到比嘉美沙牵着高龄患者仪满的手走来，应该是刚刚带她去了趟洗手间。

　　"谢谢。"仪满向美沙道谢。

　　"不客气，"美沙温柔地回道，"离出发时间还有十五分钟，稍微休息下吧。"

　　"好的。"仪满说着，在长椅上坐了下来。与在日间照护病房中一样，她静静地呆坐着，"待"在那里。

　　美沙突然转头对我说道："咚锵，你听说了吗？"

　　"听说了。"我答道。我知道那件事。

　　她满脸震惊地问："你怎么知道的？"

　　"惠子告诉我的。"总管范儿的女护士长早就将那件事传得人尽皆知。"广子，怀孕了吧。"

　　正和玉木在浅滩处泼水打闹的医务助理女孩广子，入职还不到一年，刚满十九岁。但是她因为怀孕，马上要休产假了。休了产假的医务助理女孩，大多不会再回来上班，从此就走上截然不同的人生道路。

　　"不是那件事，"美沙有些傻眼，"但也有些关系。"

　　"咦，是什么事？"莫非还有别的事情，怎么回事？我疑惑了。

　　"理惠也打算辞职了，据说她考上了护理学校。"

　　"是吗？这我还真不知道。"

理惠是医务助理科的科长，也是比嘉美沙的直属领导。那么，她要成为护士了？虽然和现在的工作大同小异，但是护士的待遇要好很多。

我想了想说："离职的人太多了吧。"

"所以说嘛，"美沙用冲绳独有的腔调回应道，"我要接任科长一职了。"

"真的吗？"我有些惊讶。怎么回事，她明明和我差不多时间入职，却马上要比我高出一级。但是，她兜兜绕绕了很多人生弯路，在事务性工作人员中年纪最长，科长一职的确非她莫属。"这很辛苦吧。"我说。

"所以说嘛。"美沙叹气。职场真是变幻莫测。

这时，玉木朝我们走来。"美沙，不一起去海里玩吗？"

"到时间了，大家快上车吧。"美沙冷淡地回应道。

赤脚照护

返途是比嘉美沙开车，我坐在副驾驶座上。

车辆行驶在跨海大道上，大海广阔无垠。日近西斜，天边染上了一抹金黄，绚丽无比。

不知道为什么，大家心情都很好，在车里欢闹谈笑。

人来疯的玉木突然抛出一个含有某些暗示意味的笑话："现在开始，玉木小弟要认真了哦。"我吐槽道："一开始就不老实啊。"这时，一旁的淳子突然说道："咚锵小弟怕是不大吧！"大家啼笑皆非。

"不要乱讲哦!"我虽有点受伤,但也和大家一起笑了起来。

充斥着黄色段子的面包车渐渐驶离大海,开上了宇流麻市的国道,朝着冲绳高速公路疾驰。太阳逐渐落了下去。

车内的喧哗似乎与比嘉美沙毫无关系,她安静地开着车。她没和任何人交谈,仔细观察着信号灯、后视镜及反光镜。与前车贴近时,她会温柔地轻踩刹车。

比嘉美沙做的与其说是非专业性工作,不如说是"大人"的工作。大人总会顺理成章地推进该做的事情,这才是良性的依赖性劳动。

沉浸在面包车中互相打趣、欢快无比的气氛里,谁都不会注意到美沙轻踩刹车。不,众人甚至都忘了是美沙在开车。除非发生交通事故或急踩刹车,否则人们不会注意到是美沙在开车。

这就是依赖性劳动。如温尼科特所说:

凡事顺利进行之时,幼儿不会感到不适或受阻,这是我们在思考抱持多样化的母亲养育问题时的重中之重。只有在事情进展不顺之时,幼儿才会感到不适或受阻。[1]

---

1 此处引自《情緒発達の精神分析理論》,第 51 页。——原注

确实如此，当我们全身心依赖别人之时，是意识不到自己的依赖行为的。

童年时代，我们不会感谢母亲准备晚饭，也不会想到母亲的辛劳。老爷爷去山里砍柴的时候，不会想到老奶奶此时正在河边为自己浣洗换下来的兜裆布。

如果孩子对母亲的付出一一表示感谢，肯定是发生了什么不好的事情。也就是说，他们无法全身心依赖母亲。依赖性劳动就是以理所当然的方式，满足理所当然的需求，让对方根本意识不到自己的依赖行为。

这么想来，依赖性劳动真的很不划算。当母亲的女性都很辛苦，即便付出所有心血，也没人会感谢自己，而越是不被感谢，才越能说明自己很好地完成了工作。依赖性劳动的社会评价不高，可能也是因为这种付出往往难以被察觉。

但是，寻常的一天、普通的日常，还有我们的日间照护工作，都得依赖于他人才能成立。

汽车行驶在高速公路上，四周的风景逐渐变得单调无奇，患者们早就睡着了，车内回归安静。

比嘉美沙调低了音响的声音，轻快的夜店音乐在车内回荡。

"这是什么歌？"我询问道。

"不知道，夜店里常放的。"美沙冷淡地答道。

沉默。前车尾灯不断闪烁，红色的灯光忽明忽灭。

突然，比嘉美沙开口道：

"咚锵，你真厉害，可以和患者一直交谈。"

"怎么突然这么说？"

"因为很累，"美沙叹气道，"不知道该和他们说些什么，我们从未学过这些。"

此时，我才明白专业性工作还是存在于看不见的地方。比嘉美沙等医务助理女孩看起来若无其事，其实内心充满困惑。

这里再说一遍，她们确实是日间照护工作中不可或缺的存在，做饭、接送，支撑着病房每日的运转。她们承担着非专业性的依赖性劳动，表现出色。

但是，依赖性劳动不只包含洗衣、做饭、充当司机。此处请允许我再次引用基泰的论述。

依赖性劳动，指照护陷入脆弱状态的他者的工作。依赖性劳动，可以维系亲密群体间的羁绊，或者它本身就可以创造亲密和信赖的关系，构建联结。[1]

确实，照护存在于亲密可靠的关系之中，如果人与人之间没有羁绊，依赖性劳动便无法成立。但是，来此接受日间照护的患者，正属于难以维系联结的人群。

平稳行驶的面包车内，大家的距离忽远忽近。患者难以与他人相处，所以，他们无法待在职场之中，也无法加入其他社

---

[1]　此处引自《愛の労働あるいは依存とケアの正義論》，第85页。——原注

103

区组织，只能到日间照护病房寻求帮助。日间照护病房为这类人群提供了一个可以"待"着的场所。

比嘉美沙等医务助理女孩应聘时以为只是负责日常事务性工作，结果却要直面这些精神障碍患者的心理"困难"。例如，与患者谈话时，话题突然中断；与玉木等人接触时，突然受到性骚扰；稍有不慎，患者们就会陷入精神错乱、崩溃的状态。她们必须面对患者们"脆弱敏感的神经"。

这些事情慢慢地伤害着她们。我渐渐领会到，心理照护就是与脆弱人群待在一起，不去伤害他们。但这绝非易事，因为提供照护者往往也极易受到伤害，因为他们处于脆弱状态。承担依赖性劳动的人群，也承担了依赖产生的各类困难。

因此，基泰提出，承担依赖性劳动的人群需要"陪护者"（Doulia）的协助。

协助产后母亲照顾婴儿的陪产人员被称为"Doula"。基泰以此为基础，将照护"照护者"的人称为"Doulia"，这是"Doula"的复数形式。在照护别人的同时，照护者也需要多方面的支持。

我也拥有"陪护者"，其中提供最大帮助的就是临床心理学。从这门学问中，我掌握了与患者保持距离、安全相处的方式，我理解了患者的脆弱性，不致伤害到他们，也保护自己不受伤害。最重要的是，临床心理学让我懂得了照护工作的意义与价值。

比如，脱下白大褂、换上运动衫，我的专家身份不会发生变化。在提供依赖性劳动时，我仍旧受到临床心理学的帮助。专业性是照护者的生存之本。

但是，医务助理女孩们可谓是打着赤脚走路，她们用自己的肉身来应对精神障碍带来的困难。她们在不明白会被卷入何种麻烦的情况下，与患者建立起一种亲密关系，这种关系是极为私人的，也是极易让自己受到伤害的。

她们之所以很快选择新职业，或者怀孕、结婚转而离职，想必是因为这种痛苦惶恐。她们每晚去夜店买醉，也是想要治愈内心日益生出的伤口吧。

也正因如此，比嘉美沙才会这么冷淡吧。美沙在开车时，会把音乐声调得很大，也许是想遮盖其他声音。或许正有一种不知名的东西向她迫近，为了不让自身受到伤害，她用夜店音乐包裹起自己的赤脚。

"比嘉美沙，你考虑以后考个护理学校吗？"我问道。我认为决定去上护理学校的理惠肯定是希冀寻求到可以保护自己的东西。

"啊，我不要，我有女儿。"比嘉美沙断然拒绝。

"也是哦。"

"我想做事务性相关的工作，开具问诊费用明细也很有趣。"她笑着答道，俏丽的妆容有些花了，脸上浮现出孩子般的表情。她确实也还年轻。

快到诊所的时候，天已经暗了下来。留在诊所里的医务助理女孩正在为患者准备晚饭。

"我们到了哦！"我叫醒了熟睡的患者。

专家融入日常

何谓日间照护专家？

确实，日间照护也有不同于其他职业的专业性。护士、心理医生各司其职。换言之，护士以护士的方式接触患者，心理医生则以心理医生的方式接触患者。大家各自用不同的方式，与患者建立联系。

但是，这一点很难被窥见。我在开车时，虽然还是临床心理医生，但本身只是在做红灯停、绿灯行这样的重复性工作，所以专业性融入日常行动之中消失不见。

具备诸多专业技能的工作人员全都承担着这类非专业性工作，这就像是心理治疗和心理照护混合而成的液体一般，无论缺少哪个，日间照护都将不复存在。

实际上，日间照护也逐渐融入我一直以来学习的心理治疗之中。我怀抱着成为一名心理治疗专家的梦想来到冲绳，希望探究患者的内心深处。但是，在承担日间照护和门诊治疗的工作中，我开始刻意不去探究精神疾病、人格障碍等重症患者的内心深处，而是从支撑他们的日常生活中体会价值。总之，我开始提供融入心理照护的心理治疗。

每天早晨，我都会把上述工作感想写入论文之中。在心理治疗业界发表更贴近专业的论文或许更易受到好评，但我希望自己写的论文成为目前和我从事相同工作之人的"陪护者"。于是，每天早晨起来，我便会将融入心理照护的心理治疗记录下来（这也正是本书的创作动机）。

我的内心深处，也开始生出各种东西混合在一起的溶液。

从滨比嘉岛回到诊所，用完简单的晚饭，患者们便开始准备回家。

"回家了!"我一边说着，一边安排他们坐上面包车，接着确认人数，发动汽车。

"今天可真开心，"玉木说，"大海可真漂亮。"

"真的很棒。"我回答道，那里的风光确实很美，"好想再去一次!"

"海狮"牌面包车穿梭在黑夜之中。透过汽车前照灯的灯光，已经可以依稀看到家居市场。这时，玉木说："东畑先生，可以再往前开，送送我吗? 我脚有些痛。"

按照规定，家居市场的停车场是接送点。但是，玉木看起来疲惫不堪，我便应声道："可以呀!"

拐过家居市场前方的转角，体积庞大的面包车驶入住宅区狭窄的小路，就像《哆啦A梦》中的胖虎挤入时光机的抽屉一般。

过了前面的转角，就到玉木的公寓了。于是，我打满方向盘准备转弯。

正在这时，耳边传来吱嘎嘎嘎嘎嘎嘎的声响，极为刺耳。这肯定是大故障。

"医生！你在做什么！"玉木慌张地喊道，"肯定剐蹭到哪里了。"

"啊啊啊啊！"我也大声疾呼起来。

把大家都送回家之后，必须检查汽车。我肯定又要被总管范儿的女护士长训斥了。她八成会说：不是提醒过你吗？要是按照规定，让玉木在平时的地点下车就没事了。

啊～啊～，明天上班肯定又得写检讨了。撰写两篇论文就可以获得博士学位，但是我还要写多少检讨书，才能成为日间照护专家呀。

送完所有人，我踏上归途。体积庞大的面包车行驶在丝满市的道路上，后视镜反射着旁边车辆的前照灯灯光，明亮晃眼。我打开音响，里面传来比嘉美沙喜欢的妮琪·米娜舒缓的情歌。

我小心翼翼地轻踩刹车。

第一次中场自述
关于时间的备忘录

您心情如何?

读者朋友,你们好。

你们身体好吗,心情如何,是否舒畅?

突然这么问,非常抱歉。读至此处,大家可以稍微休息一下。

我不知道您现在是在哪里阅读本书,如果在家,或许可以喝杯茶;如果在地铁里,可以试着嚼一粒"Frisk"薄荷糖,清凉感会瞬间袭来。

对,点开推特浏览一下也很不错,可以试着在上面吐槽:"《难免痛苦,'待'着就好》阅读中。作者让我们发推特评论,那我就来抱怨下,现在'待'着真的很累。"

我并非想让大家帮忙宣传本书,当然不可否认确实有些私心,只是提醒大家一定要休息休息。

那么,我也休息一下。嚼一粒"Frisk",嘎嘣,清凉感在口中爆裂开来,味道真的很好。再抽根烟吧(偷笑)。

絮絮叨叨地写了这么多,真对不起。我知道地球资源十分有限,所以如此罗列痴语、浪费纸张,我也颇为自责。但我确实有难以启齿之事,故而加入了中场自述的部分,结果内容变成这样，真是抱歉。但是，还是应该跟大家好好解释一番，不能逃避。

　　不知大家是否注意到，前四章内容的实际时间跨度有两年之久。我在日间照护病房待了四年，一半故事已经讲完。但您可能会说："真的假的？这不才刚刚介绍完出场人物吗？"

　　确实如此，实在抱歉。

　　我本想借一些小故事来介绍各位出场人物，但这些故事要么同时发生，要么来回发生，时间线混乱不堪。

　　著书之时，应该按照时间线讲述故事，对此我心知肚明，但在实际操作中却很难实现。

　　"你在辩解什么？那样的话，就先好好学学写作，你这纯属在浪费我宝贵的时间！"

　　请您别责备，我真的在十分努力地撰写本书。但是，撰写日间照护工作真的极为困难。更为严谨的说法是，撰写日间照护的时间线真的十分困难，几乎难于登天。这不是我的问题，而是日间照护的问题。对，就是日间照护的问题。

　　所以，本书的时间线混乱不堪，完全是日间照护的错。日间照护的本质就是如此，我必须再次申明，这不是我的错。

大雄的线性暑假

　　不好意思，我的表述有些混乱。因为这一点极为重要，所以请允许我再稍作解释。各位请再嚼一粒"Frisk"，或者再喝杯茶。我的说明很快就会结束。

为什么说撰写日间照护的时间线比较难呢？在说明之前，需要先比较一下心理治疗和日间照护的时间线。描述心理治疗的时间线十分容易。若用图来表示，就像这样：

心理治疗的时间线虽说也是弯弯绕绕地交织在一起，但如上图所示大体上是从左到右递进发展的。这是因为心理治疗希冀实现某种变化，或是消除不安，或是让患者和家人重归于好，具有各种各样的目标。也就是说，心理治疗的目标一般是让患者从 A 状态转变至 B 状态。

当然，人的心理不会轻易发生变化，治疗过程中往往会在同一个地方循环往复、或进或退，有时甚至会不知道自己身处何处、在做什么。但是，回过头来仔细一看，自己经历过的心理治疗过程清晰可见，时间完全是线性推进的。

所以，心理治疗的时间线容易描绘出来。迄今为止，我写过很多关于心理治疗的论文，其中的时间线十分清晰，如上图一样从左到右推进，不难写成一个完整的故事。

关于此点，可以参考文学评论家千野帽子的《人为什么需要故事》(《人はなぜ物語を求めるのか》) 一书。千野帽子认为故事的基本构造为"（平衡状态→）非常事态→新的平衡状态"。

确实如此，一开始都是安静祥和的日常，日子毫无波澜。

大家可以想一下《哆啦A梦》的剧场版，基本都是从大雄百无聊赖的暑假生活开始。若暑假生活就这么度过，便不会有故事出现，因为过于无聊了。

这时，一定需要发生事件。受伤的魔法少女从天而降，碰巧得到恐龙蛋，本来平静的日常生活出现波动，主人公或被卷入魔法世界的纠纷，或回到原始世界与恐龙猎捕者对战，总之就是进入了某种紧急事态。虽然发生了很多危险事件，但是一切都会在大雄的勇气和哆啦A梦的神奇道具下化险为夷。最后，大家拯救了世界，重新回归到百无聊赖的暑假生活之中。每次经历过后，大雄都会有所成长，此时的世界虽然看似同先前一样，但多多少少还是发生了一些变化。

这便是"（平衡状态→）非常事态→新的平衡状态"的含义。亲爱的读者朋友，各位在面对人生危机时，不也是如此吗？无法继续上学、遭到恋人背叛、工作失败之时，平稳的日常生活被打破，人生的非常时刻迫近而来。我们迷失其中，不断挣扎，直到逐渐建立起新的日常生活。那时，我们都会获得小小成长，变得些许成熟。

这种情况下，时间是线性发展的。人们身在其中可能难以察觉，但之后回想起来，会发现时间从后向前流动，从过去往未来推进，自有规律。这种线性时间便于讲述故事，因为有始有终。

写至此处，我突然有了一个想法：心理治疗的本质就是协助患者，让时间规律地向前推进。心理医生并非直接对患者的心灵进行治疗，改变其内心想法，而是帮助他们，让其心中停滞不前的时间重新开始流动，等待时间推移引起内心变化。

过着闭环生活的海螺小姐无法出门旅行

如上文所述，心理治疗中的时间是线性发展的，所以容易叙述。但日间照护却与之不同。大家请看下图。日间照护的时间是闭环式的，不断循环。其中的确也有线性部分，每位患者人生中的某段时间会在日间照护病房中度过，从某种意义上说他们各自的时间线仍在向前推移。但日间照护本身的时间，却是围绕一个中心点不断循环。

用故事的基本构造来解释的话，这是因为日间照护并非为了应对紧急状态，而是为了维持平稳状态。患者们来到日间照护病房不是想要冒险，而是希望获得一个平稳度过日常生活的基地。

这样一来，时间的轨迹就是闭环式的。日间照护病房每天都重复着相同的事情：做广播体操，开会，进行上午、下午的活动，中间休息、吃饭，然后回家。每天的生活如同转圈一样，重复循环。

从宏观的角度来看，也是这样：春天去海边捡海藻（冲绳当地的传统活动）、观看甲子园棒球比赛，夏天去海边聚会、观看甲子园棒球比赛，秋天举办排球比赛，冬天举办圣诞聚会。如此一般，重复度过每一季、每一年。

所以，无论从微观的角度来看，还是从宏观的角度来看，日间照护的时间都是闭环式的，时间围绕着一个中心点不停循环。

这就像动画《海螺小姐》一样。每周日六点半，电视台便会播放海螺小姐毫无变化的日常生活。虽然也会有许多小事发生，但是矶野家绝不会陷入紧迫局面。动画里的鲣男永远不会有青春期，波平绝不会患上重病，海螺小姐也绝不会对矶野家的生活方式产生疑问，进而出门旅行寻求人格发展。海螺小姐始终生活在一个闭环式的时间线里。

线性时间是我们人生的一部分，闭环式时间也是我们人生的一部分。我们每天的生活大多是闭环式的。比如，您现在能想起三周前的周二做了什么吗？七周前的周二、三周前的周二及这周的周二，可能相差无几。正因为每天重复相同的活动，我们才能安心生活，也才能在此刻安心地阅读本书。如果魔法世界的大魔王想要毁灭这个世界，大家肯定不能安然自若地继续阅读本书（快去拯救世界吧）。

因此，我们每个人都拥有两种时间轨迹：一种是线性的，记录了我们的经历及故事；一种是闭环式的，构成了我们的日常生活。

"线关乎人生，圆关乎生活"，如果是远藤周作，定会这般说吧。

像模像样的日间照护

感觉绕了很大一圈，不知大家是否明白了，是否还有疑问？

本书的时间顺序混乱，并非我的问题，而是日间照护工作闭环式的轨迹造成的。描写日常真的十分困难。

写至此处，我已经讲述了自己两年来的日间照护工作。在我的文字背后，时间在大家看不到的地方沿着圆圈循环往复。

仔细想来，第二年的工作即将结束的时候，是我觉得最像模像样的日间照护阶段。每次忆起日间照护病房，梦到日间照护病房，也都是这一时期的工作场景。高江洌部长、大先生、新一、比嘉美沙都在；每天的患者基本固定，与我相熟。我每日重复着心理咨询、日间照护的工作，还有打牌、打棒球的活动。此时，我是日间照护病房闭环式时间轨迹中的一部分，也可以说我自己的闭环式时间轨迹与日间照护病房的时间轨迹重合在了一起。

但之后不久，这个闭环便分崩离析、消失不见了。圆一旦出现裂痕，就会变成线。这预示着发生了故事，但此刻我还不打算多说。

怎么样，大家理解了吗？这不是我的错，各位都明白了吧。

好的，那么中场自述就到这里。

怎么样，"Frisk"嚼完了吗？

准备好了的话，让我们进入下一章。

后面主要记述了最像模像样的日间照护。

当然，这是闭环式时间轨迹中的事情，还包含穿插其中的小小线条琐事。

这也是闭环式时间轨迹中必然存在的无聊时刻。

那么，期待下次与大家相见，祝各位一切顺利！

闲暇与不觉无聊的
日间照护

好痛苦

"好想消失不见。"

"不想活了。"

"好累。"

"可怕。"

"搞不好我会杀了他。"

"好痛苦。"

心理咨询室中，总是充斥着这些话语。

这些话语出现的情境多种多样：有自暴自弃时用来宣泄的，有作为口头禅经常挂在嘴边的，还有从不依赖别人的患者鼓足勇气发出的。

因此，我会谨慎对待这些话语，仔细琢磨"好想消失不见"里包含的情绪，深深体察其中对自我的否定、对亲朋好友的愤怒及对我的依赖，而后确定患者是否完全陷入绝望，或者还怀有一丝希望。理解他们的情绪和想法，需要花费不少时间。

心理治疗过程中的谈话和一般对话稍有不同，会极力排除社交或人际往来之类的元素，只追求心与心的纯粹交流。

"好痛苦。"

这句话语打破了长久的沉默，回响在12月的心理咨询室中。

"嗯。"我回应道，然后在心中反复琢磨，体味对方好不容易挤出的这句话，同时联想迄今为止对方千疮百孔的人生。

"好痛苦。"

"嗯。"

"没出息！"咦？"好痛苦。"

这是谁的声音！仔细一看，天花板咣当咣当地震动着，"好痛苦"的悲鸣声是从那里传来的。

这时，患者双眼无神地指着天花板问道："上面在做什么？"

不好意思，写这段的时候我突然兴致有些高涨，所以想要营造出一种小说的效果。刚刚的内容实际上有些杜撰成分。即便是愚钝如我，也不可能分不清"金爆"乐队[1]（Golden Bomber）的歌声和患者的说话声。

不过，心理咨询室的确传来了空气乐队的歌声，不是幻听。咨询室上面是接受日间照护的成员的活动厅。那天，他们正搭配着"金爆"乐队的《没出息》跳舞狂欢。按照惯例，下周就是举办圣诞聚会的时间了，他们正在排练节目。

真让人恼火，因为下面也能听到声音。我不止一次拜托过他们，不要在心理咨询时间跳舞，但毫无作用。真见鬼！

咨询结束后，我冲上二楼想要提醒他们，果不其然成员正

---

1 该乐队是日本的视觉系空气乐队。

120

在尽情地欢跳着。站在中间、满头大汗的南风原看到我跑来，满面笑容地搭话道：

"啊，东畑医生，大家现在越跳越默契了。咦？你现在没有工作吗？要不一起来跳？"

面对南风原纯粹、朴素的笑脸，我的怒火消失殆尽，完全没有了责问他们的心思。没办法，还是算了吧。反正今天的心理咨询工作也结束了，跟着大家一起跳吧。

"没出息，没出息。"

南风原热烈地挥舞着双手，虽然看起来有些猥琐，但该舞蹈的绝妙之处正在于此。我跟着挥动双手，想必动作更让人恶心。

"好痛苦。"

打磨石头的少年

说说南风原吧。

在我入职一年左右，开始逐渐习惯这里的各项工作之时，南风原来到了日间照护病房。当时他应该才上大一，我也才二十多岁，所以我感觉他就像弟弟，无法不去关心。

他的诊断结果有些奇怪——"疑似精神分裂症"。他从高中开始就出现了一些奇怪的言行，比方说想和父亲一起手淫。但是，他并没有明显的幻听、妄想之类的症状，跟他交谈也不觉得有什么障碍。所以，他患上的并非严格意义上的精神分裂症，可能只是社交恐惧之类的神经官能症，但也不好断言。

南风原是从高中时期开始变得有点不对劲的。虽然每天按时上学，但他回到家总是把自己关在卧室里，偶尔还会产生一些与性相关的奇怪念头。他的母亲对此忧心忡忡，于是带他到诊所接受检查。南风原成绩不错，考上了大学，可是第一学期中途便开始逃学，一直将自己关在房间里，最后就被送到了日间照护病房。

刚开始的时候，他完全无法融入，无法和其他患者"待"在一起，总是一个人躲在诊所半地下的乒乓球室，戴着耳机听"嘉利吉58"[1]的歌曲。每当此时，他总是闭着眼睛，好像在集中精神思考什么。

询问他在做什么时，他会说感觉脑袋里有个大洞，自己正在打磨石头打算拿来填补。这当然不是真实的石头，而是想象中的。

如同蚕织茧一般，他小心谨慎地打磨着石头，然后塞入脑中的空洞。但是，每次石头的尺寸都有些偏差，无法严丝合缝地填满脑子里的空洞。所以，他每天都在打磨石头、填补空洞。南风原痛苦地表示，如若不做这些，自己就无法保持冷静，会坐立不安。

每当南风原说这些话的时候，我就感觉他如同玻璃一般，轻轻一碰就会碎掉，必须小心维护。"他还这么年轻"，每当此

1　该乐团成员均为冲绳人。"嘉利吉"为冲绳方言，有幸运、吉祥之意。

时，我都倍感悲凉。

　　其他员工应该也和我一样。确实，偶尔会出现让员工们深受触动的患者，大家都想"为他做点什么"。南风原的青春与朴实打动了我们，工作人员总会主动跟他搭话。

　　大先生会热情地邀请他在午休时一起练习棒球，新一会邀约他一起散步，医务助理女孩们争先恐后地教他做饭。就连怕麻烦的部长，都罕见地跑去跟他分享体育报纸中的新闻。为了让南风原适应日间照护，大家都努力与他建立联系。

　　我会叫上南风原一起玩游戏——打扑克、打花骨牌、抽积木、下黑白棋、下将棋，等等。几乎所有的游戏都不会忘记他。

　　这些游戏也是其他患者教给我的。在日间照护风平浪静的"魔性时间"里，患者们总会叫上我一起玩游戏。玉木教我玩花骨牌，"室主"教我下将棋。在玩的过程中，我逐渐适应了日间照护，可以安心"待"在病房了。所以，这回换我邀请南风原一起玩游戏。

　　仔细想来，我在日间照护病房的日子里，几乎把一生的桌游都玩遍了。就像我再三强调的，日间照护中无所事事的时间绵长，让人觉得百无聊赖。我们一味地通过玩游戏来消解无聊。为了"待"在这儿，需要掌握适度打发时间的方法。

　　但是，南风原对这些不大感兴趣。

　　"我就不参加了，"他一脸认真地拒绝了我的游戏邀约，"搞不好会精神崩溃。"

他应该是觉得一旦参加游戏，堆积起来的石头可能会坍塌。对他而言，石头的安稳是第一要事，所以他一直极力回避其他事情。一不留神，他又把自己关在诊所半地下的房间里，开始埋头打磨石头了。

"感觉怎么样?"我有点担心地问道。他回应道:

"我也不太清楚，不过现在必须打磨石头了，这是一定要做的事情。"

他极为重视每分每秒，拼命地活着，完全没有无聊乏味的时间。而对于这样没有余白的人生，我感觉悲伤。

闲暇与不觉无聊的日间照护

在本章节，我想认真思考一下"无聊"的概念（借用摇滚乐队"色情涂鸦"的口吻）。因为在日间照护中，无聊是一个极为重要的现象。

一大前提是，日间照护病房就是一个无聊的场所。在为本书收集素材的过程中，我参观过众多日间照护机构。明确地说，无论哪里都是一样，充斥着无聊气息。只有一处机构不算无聊，提前规定好了所有的事情，患者、员工无一例外忙忙碌碌。也可能是因为那里的患者没有精神分裂症，病情较轻，但我发现其中的人员充满了紧张感和疲劳感。

日间照护是无聊的，这是由其本质造成的。反过来说，无聊是日间照护不可或缺的要素。没有无聊闲暇的日间照护算不得真正意义上的日间照护。

这与我们生活中肯定会有百无聊赖的时光是一样的。大家在家中不就感觉无聊吗？如果家中的时间总是令人眼花缭乱、充满幻想，那可不是好事（新婚生活很累的）。如果家变成一个紧张刺激的生存空间，人们也断不能忍受。学校、职场同样如此。正因为有百无聊赖的时间，我们才能安心"待"着。

所以，无聊并非坏事。

但话说回来，无聊时光确实难熬。我尤其难以忍受无所事事地"待"在风平浪静的日间照护病房中，真的痛苦万分。对于毫无刺激的日子，我无法忍耐，现在也还是如此。抽根烟我都要用手机刷刷推特。我有严重的信息处理依存症，难以适应无聊时光。

为何会如此？无聊之时，我们究竟感受到了什么？

国分功一郎的著作《闲暇和无聊的伦理学》(《暇と退屈の倫理学》) 的书名虽然出现了"无聊"一词，但内容却妙趣横生。他指出，无聊是由"牵制"和"空虚搁置"构成的。接下来，我会详细说明。

该书举了下一班列车到达，还须等待四个小时的例子（好像是哲学家海德格尔的亲身经历，我对他深表同情）。国分将等待列车到达的无聊之感称为"无聊的第一形式"，并作出以下论述：

> 无聊状态下，时间会变慢，拖延不前。拖延不前的时间困扰着我们。……之所以如此，并不仅仅是因为拖延，还因为它牵制了我们的行动。我们百无聊赖，还被拖延不前的时间牵制住了脚步。[1]

这完全描述出了我在日间照护工作中的体验。还没到午间饭点，下午的活动还未开始，日间照护病房中的时间是极为缓慢的。这些风平浪静的时间，都是拖延不前、纹丝不动的时间。那时的我无法逃离，被牵制住双脚，停在了"这里"。

国分进一步往下剖析，因为这里不足以解释清楚"无聊"的概念及被"牵制"住脚步的我们觉得无聊的原因。

> 我们被牵制住脚步，就会被搁置于无事可做的空虚状态之中。人们无法忍受这种状态。所以，"为了不被搁置于因无聊而生的空虚之中"，我们会去寻求可做之事。[2]

确实如此，没错没错（我感觉自己变成了一个卖苏打水的大叔[3]）。我在世界一角的日间照护病房中的所想所感，都被国分

1　国分功一郎：《暇と退屈の倫理学　増補新版》，第219—220页。——原注
2　同上，第222页。
3　日语中赞同的词汇发音与苏打水的词汇发音相近，作者借此调侃戏谑。

精准地描述了出来。是的，我的确是因为被搁置一旁，无事可做，所以才感到无聊，恰如国分所言。

再这么写下去，我肯定会彻底变成卖苏打水的大叔，因此请允许我暂且放下对国分观点的追捧，回到我们自己的疑问。我们的疑问，和无聊还有一步之遥。

关键是南风原从不觉得无聊。不只是南风原，大多数患者都不会在日间照护病房中感到无聊。我觉得无聊憋闷的时间，他们总可以平静度过。跟南风原打磨石头一样，他们都沉浸在自己的世界之中。

为什么？为什么他们不觉无聊呢？

关键线索就在上文提到的"空虚搁置"。无聊是被搁置在空虚之中的状态，身边事物无法为我们提供任何意义。

因此，不觉无聊的南风原没有被搁置在空虚状态之中。身边事物会与其交谈，对其产生影响。这并不是说他的世界如同电影《美女与野兽》一般，水壶、烛台会唱歌跳舞。即便是像神奇国度的日间照护病房，一切事物也都是沉默不语的，橱柜、烩苦瓜肯定不会唱歌。

其实，南风原与其他患者的世界中塞满了"某种事物"。例如幻听，这是一种回响在虚无之处的声音；还有说"大脑被摘除"的患者，他们的空间被来自宇宙的电波填满；再来是产生被害妄想的患者，虽然没有人说一句话，但他们仍会感到自己正在被冰冷的视线注视着。

这类情况不限于患有精神分裂症的人群身上。拒绝上学的孩子会在空无一物之处，感受到针对自己的攻击；我们会在请假后回到公司时，感受到同事责备的目光。明明空无一物，但是我们会感受到充斥于其中的"某种事物"。空虚偶尔会被"某种事物"满满占据。

如此一来，根本没有心力觉得无聊。在被邪恶事物占据的空间里，人们会觉得每一瞬间都格外迫切，自己必须做些什么来抵御危险。对我们而言风平浪静、百无聊赖的光阴，对他们而言却是正在遭受"某种事物"肆意侵袭的时间。

因此，南风原不断打磨石头。他说自己脑中有洞，必须将其堵上。当然，他的大脑在现实中不可能有洞，上面好好包裹着头盖骨、头皮及头发。南风原肯定也心知肚明，但他依然执着于空洞，因为他觉得自己"没有被好好包裹起来"。

精神分析学家保罗·费登［Paul Federn，他与提出安抚理论的护士格特鲁德·施温（Gertrud Schwing）一起治疗过精神分裂症患者］提出过"自我边界"的概念，意为自己与外界、自己与他人、自己的意识和无意识之间的界限。

自我边界实际上极为重要。因为存在自我边界，我们自身的想法和他人的想法才不会混同，现实和空想也不会混杂。反之，一旦自我边界动摇不稳，就会招来诸多麻烦。例如，出现幻听时，内部的声音与外部的声音便混为一体，难以分辨。

自我边界使得我们无论与谁"待"在一起，都可以保持独立的自我。因为这是一条划分出自我，给予包容，让自我得以是自我的界限。

南风原所谓的空洞，并非存在于脑部，而是存在于这条界限。许多东西从这里流失，还有许多东西从这里侵入。空虚的空间被空洞中流失出来的事物填满了，它们自然不肯放过南风原，不断上前跟他搭讪，甚至威胁他。因此，他完全不会无聊。如同身处鬼屋一般，他的每时每刻都充满着刺激与惊险。

是的，那是圆圈。完好无损的自我边界，像圆圈一样包裹着我们。这是让我们度过日常生活的小小圆圈。心中的圆圈只有完全闭合时，我们才不会感受到危险。一旦圆圈上面出现空洞或者裂痕，我们便会坐立不安，如同在教室中被扒光衣服，或者满身伤痕被置于盐水中。

中井久夫指出，"如果精神分裂症患者开始感受到'无聊'，就基本算是康复了"。无聊是保护自身的圆圈完美闭合的伟大状态。空虚则是这个圆圈完美闭合的证明。南风原打磨石头，是为了填补这个圆圈上的空洞。其他患者也是如此。他们虽然在表面上封闭了自己，但其实一直在为了保护自己而努力抵御侵占身心的"某种事物"，想要封住破陋的圆圈。然而，他们一直难以如愿。

那么，如何才能将破陋的圆圈重新封上，使其闭合呢？日间照护中的闭环式时间与之又有何种关联呢？为了弄清这些，让我们继续南风原的故事。

南风原之后怎么样了？

南风原的康复

从结果来说，南风原确实发生了变化。他逐渐适应了日间照护病房，可以平静地"待"在这里了。

并非发生了什么戏剧性的转折。在金八老师[1]的爱心铁拳下，不良少年洗心革面这样的事情绝不会出现在日间照护病房中（不是故事很重要）。不，或许有什么契机，但我并不知情，其他员工也不知情，可能连南风原本人都不清楚。只能说闭环式时间轨迹发生了改变。

总之，他变了，迹象就是他可以参与大家的游戏了。

他爱上了花骨牌。一开始我发出邀请时，他要么拒绝，要么不情不愿地参与，但渐渐地他开始享受起这项活动带来的乐趣。他甚至主动组局，带着在脑海中打磨石头时的认真表情邀请我："要不要打花骨牌？"他认真的表情极为可爱，我笑着答应道："好呀，一起玩吧。"

当然，南风原的状态仍有些奇怪和笨拙。他经常嘟囔"不能集齐猪、鹿、蝶牌，就是不行"，总表现出一些莫名其妙的执着。但他确实乐在其中。集齐需要的牌时，他会大喊"漂亮"；也会玩到忘我，时而开心、时而不甘，沉浸在游戏之中。

---

1 日剧《3 年 B 班金八老师》中的主人公。

借着花骨牌，南风原也和其他患者熟络了起来。大家都很照顾他。"室主"想递烟给他，但他拒绝了；爱管闲事的淳子总是塞给他一大堆糖；其他人也总请他喝可乐。

渐渐地，南风原的活动范围也变大了。他开始定期参加午休时的棒球训练。大先生热衷于给他安排特训。本来他的运动神经也不弱，所以被安排在二垒手这一重要位置，成为队伍中不可缺少的一员。他自己也不亦乐乎。

不只是棒球。他开始期待兜风、场地高尔夫等各种活动。一有空闲，他就沉迷于打花骨牌。最后，他甚至偶尔也能与大家开开玩笑。我发现他不再执着于石头的事情，他的圆圈被一层薄膜包裹了起来。

南风原成了大家中的一员，可以"待"在这里了。当然，他的康复不是按直线发展的，而是时好时差、起起伏伏，但他的确变了。

"南风原，变得有精神了哦！"热心指导棒球训练的大先生开心地说道，然后他突然下了一个决定，"圣诞聚会就交给你来办吧。"

让我们再回到本章开头的"好痛苦"这一幕。

日间照护病房每年都会举办圣诞聚会，患者们分成好几队表演节目。当然，工作人员也会分组加入其中。大家从患者中选出各队队长，开始为期一个月的节目排练。

南风原被选为了舞蹈队的队长，他们队要搭配当时热门至极的"金爆"乐队的《没出息》进行表演。我是负责跟队的工作人员。

南风原极为上心，不知道是什么完美嵌进了他的内心使之不再有缺，总之他满腔热忱地投入节目排练之中。

我们每天都被南风原叫来，看着 Youtube 上的专业视频，模仿《没出息》的舞蹈动作。他真的让我们练习到崩溃。

"东畑医生，你要再跳得猥琐一点，能不能再夸张些？"他屡次提醒我。

"好的，我努力。"每次我说完，他都一如既往一脸认真地低下头拜托道，"这真的是很重要的事，麻烦了。"

炸裂的圣诞聚会

圣诞聚会当天，大家都是一副跃跃欲试的样子。前几天大家就着手布置会场，日间照护病房变得与以往大为不同，华丽热闹。桌子上摆满了 39 日元的可乐、巧克力派、薯条等零食。

待在日间照护病房中会丧失季节感。因为没有开学典礼也没有总结大会，重复循环的闭合式时间轨迹中很难出现断点。小小的圆圈不断旋转。我们不时会依照时节举办活动，春天赏花，夏天去海边聚餐，圣诞聚会也是其中一环。每当此时，我才会意识到"已经是圣诞了呀"，才会觉察到小圆外面缓缓运动着的大圆。

会场被装扮得极具圣诞特色，一切都预示着当天会是不同寻常的一日。或许这一天和平时相差无几，但大家心中欢欣雀跃。

　　也许是我的心理作用，我觉得平常一直沉浸在自己世界中的患者们格外兴奋。

　　"女士们、先生们！时间到了！圣诞聚会现在开始！"

　　这段时间，只要一举办类似活动，我就会被任命为主持人。在大学院为撰写论文而培养出来的语言技巧，此时被用来调动现场气氛。

　　"首先，有请高江冽部长讲几句。"

　　运动裤搭配 Polo 衫，头顶还戴着闪闪发光的圣诞装饰的部长，慢悠悠地走到话筒前。

　　"大家好，我的头顶是不是更秃了？"部长高声说道，大家鼓掌，"谢谢大家。今天是圣诞节，各位可别输给我的光头，都要光芒四射哦！"

　　圣诞聚会由各队的表演构成。大家展示一个月以来的排练成果，争夺第一。

　　第一个节目，是之前和百合发生过争执的隆二与医务助理女孩优花的钢琴四手连弹。这两人之间其实有一个恋爱小插曲，之后再说。

　　他们刚弹响日本乐队"Spitz"的《樱桃》，知晓内情的患者们马上便欢呼雀跃，有的还吹起口哨调侃。隆二显得有些害羞，不算精湛的弹琴技巧却与懵懂的恋情完美契合，一切恰到好处。

"Wonderful! Marvelous! Next!"我用奇怪的英语评价着节目。

接下来是比嘉美沙和一位女性患者带来的手摇铃表演，曲目是《平安夜》和《冒失的圣诞老人》。手摇铃的音色很有圣诞氛围，引来阵阵喝彩。表演结束时，一边挖鼻屎一边演奏的女性患者想和比嘉美沙握手，她一脸嫌弃但握手回应的样子，惹得大家捧腹大笑。

"Wonderful! Marvelous! Next!"我继续用同样的方式给予好评。

之后登场的是大先生率领的"KARA"组合[1]。大先生、新一及玉木等七人戴着五颜六色的爆炸头假发走上舞台。名曲 Mister 一响起，舞台上的众人便开始扭动被黑色紧身裤包裹的肌肉发达的屁股，动感十足。最后，大先生回头冲大家一边飞吻，一边说道："Thank You! 我爱大家！"

"好恶心啊！"因为他的动作确实让人有点反胃，我一不小心说了日语，"接下来的节目是'金爆'乐队的《没出息》，有请！"

演出开始，堪称《没出息》舞蹈视频的完美再现（大家可以参考 Youtube 上的视频，我们的表演几乎是百分百还原）。

首先，身着泡沫经济时代流行女装的百合（之前高歌"呜啦啦"的患者，最近出院后又回到了日间照护病房）踩着高跟

1　韩国女子流行演唱组合，此处表演者均为男性。

鞋缓缓走上舞台。因为药物的副作用，她走路摇摇晃晃，惹得大家笑个不停。

南风原紧跟百合走上舞台。

"喂，等一下，拜托，我这不是在道歉了吗?"他扮演的是即将被百合抛弃的可怜男子，一下子跪倒在地，"别抛下我，求求你，对不起。"

百合微笑着丢下一句:"别碰我，你这家伙，你是女人吗?"

被抛弃的悲惨男子站了起来，而后音乐响起，我和康夫等人出现在舞台上。"没出息，没出息，没出息! 好痛苦!"

遗憾的是，我的表达能力有限，难以描绘出我们的舞蹈有多猥琐、搞笑。再说，这种事情真的能写成文字吗? 就像高中社团活动结束后，朋友在回家途中模仿老师的姿态，惹得大家捧腹大笑，这样的经历谁都有过，但这种欢乐难以书写成文。

当天我们模仿"金爆"乐队的表演真的是笑料十足。南风原的舞蹈动作极为到位，十分滑稽。音乐结束后，大家鼓掌欢呼，南风原汗水淋漓，喘着粗气。

所有的表演到此结束。在以高江洌部长为首的评审们讨论结果时，我们吃起了事先准备好的蛋糕。大家围着南风原说"太有趣了""超帅的哟"，让他害羞不已。

随后，便是结果公布环节。高江洌部长取下贴在自己秃头上的便笺纸，大声读道:"获得冠军的是——'金爆'乐队!"

"哇哦！"现场顿时沸腾起来。

"成功了！"南风原开心地说道，他看起来真的非常愉快。从高江洌部长手中接过获奖证书的时候，对方拍拍他的肩膀说："做得不错。"

南风原紧握奖状，满脸笑容地答道："谢谢您。"

最后，大家一起高唱圣诞歌曲。一年马上就要结束了，我稍觉寂寞。正在这时，刚刚找不到人影的高江洌部长突然身着女装走了出来。

高江洌部长拿着麦克风，为大家演唱了秋元顺子的《就这样爱你》。沉浸在自己歌声中的部长显得极为古怪滑稽。突然，一直反复折叠纸巾的奇怪患者裕次郎大声喊道："哎呀，好恶心啊！"说完，他冲上舞台，踩着奇特的公鸡步穿梭其中。裕次郎的奇怪举止引得大家哄堂大笑。

至此，圣诞聚会便结束了。打扫整理完所有的圣诞装饰，刚刚还充满节日氛围的空间瞬间变回往日的日间照护病房。环顾四周，我发现南风原正在拆卸五颜六色的丝带，神情消沉。

"没事吧？"我问道，"是不是累了？"

"没事的，完全不累。只是……"他把圣诞树上的装饰收回纸箱中，而后一脸严肃地说，"感觉有点空虚。"

我合上纸箱的盖子，说道："这样啊。"

"搞不清楚。"他一边挠头，一边说道。

圣诞聚会结束后就到年底了，马上就要迎来新的一年。明年应该也会举办同样的圣诞聚会吧。我一边这么想着，一边和南风原继续清扫会场。

日间照护就是游戏

跨年假期过后，迈入新一年的南风原，完全不见了之前的兴奋感。新年第一次活动，大家一起去参拜了位于奥武山公园的神社。参道路上十分热闹，南风原却神情低落，对一切都显得没有兴趣。

他的状态看起来很不好。我和平常一样邀请他下将棋或者打花骨牌，他虽然也会参加，但似乎一点也不开心。但这种状态又与他之前一直急切地堆积石头的样子大相径庭。南风原不是被切实迫近的危机束缚，而是对体内忽然觉醒的东西产生困惑。

南风原开始不停上网。日间照护病房中设有电脑，他在上面检索各种关键词。我虽然很想知道他在查找什么，但最终还是没去打扰他。这种时候，他应该是想自己一个人待着。

我认为这可能是因为他为圣诞聚会倾注了全部心血，出现了狂欢后的暂时消沉，但好像又不只是如此。

跟他交谈时，他说："我有些无聊，待在这里感觉时间过得好慢。"

我十分吃惊，他开始感受到无聊了。

我想再认真思考一遍无聊的含义。不觉无聊的南风原为何突然觉得无聊了呢？他的内心深处到底发生了什么？

让我们复习一下之前的内容。国分功一郎认为，所谓无聊，就是被拖延不前的时间牵制住双脚，因而被搁置于空虚状态。然而，南风原的"自我边界＝圆"上出现了空洞，空虚状态被"某种事物"填满，这使他感到威胁，因而不觉无聊。

按照这个思路，在日间照护闭环式时间轨迹的包裹之下，南风原心内破陋不堪的自我边界似乎逐渐修复了。

但是，一切绝非这么简单。

他的家庭、学校，也就是他的日常生活，本来也存在这样的闭环式时间轨迹。他之所以来此接受日间照护，是因为他破陋不堪的自我边界，让他无法安然自若地"待"在家庭和学校的闭环式时间里。这便是他的症结所在。那么，我们不得不思考：为什么只有日间照护中的闭环式时间才可以修复他的自我边界？

具体思考一下吧。南风原在日间照护病房中做了什么？他是否接受过特殊的治疗项目？当然没有。我们所做的，就是单纯地消磨时间。为了填补闭环式时间轨迹中的空虚，我们玩花骨牌、打棒球、举办圣诞聚会，拼尽全力消愁解闷。

更直截了当地说，我们一直在玩。

就是玩，这其中隐含秘密。

南风原开始好转，和他参与游戏是同时发生的。这到底是怎么回事呢？何谓游戏？

我们喜欢玩游戏。如果是工作或者学习的话，大家可能提不起精神；但如果是玩游戏的话，大家肯定干劲十足。自我启发类读物中经常会出现"抱着玩游戏的心态工作"这样的字眼，可见玩游戏是内心的自发行为，而且十分正面、快乐。

但实际上，并非每个人都玩得起来。有的人无法享受玩耍，或者说他们没有享受玩耍的时间。人在抑郁的时候肯定提不起精神玩游戏，拒绝上学的孩子即便四周摆满玩具，也绝不会伸手去拿。南风原亦是如此，一开始，他无法玩游戏。内心遭受威胁压迫之时，我们无法享受玩耍。

对此，提出"精神分析游戏理论"的温尼科特论述如下：

> 心理治疗发生于两个游戏区域的重叠之处，即患者的游戏和治疗师的游戏的重叠之处。心理治疗与两个人在一起玩游戏有关。一定是因为患者哪里不能游戏了，于是治疗师开始工作，使患者从不能游戏的状态进入可以游戏的状态。[1]

这里所说的是游戏的治愈能力及游戏只有在两个人的重叠之处才能进行。温尼科特将两者重叠的区域命名为"中间地带"或"潜在空间"。换言之，游戏总是产生于一物与另一物之间。

话题稍有些跳跃。这一点虽然很复杂，但是很有趣，请允许我再详细说明一下。温尼科特是一位喜欢用简单的语言解释难懂之事的学者（如果读者觉得晦涩，不是我的问题！）。之所

---

1 此处译文参考《游戏与现实》(北京大学医学出版社 2019 年版)，第 49 页。

以令人费解，是因为他论述的是母子关系中极为微妙、敏感的部分，我会努力说明。

　　大家可以回想一下在沙坑玩耍的孩子，他沉迷于用沙子搭建城堡。我们作为旁观者会觉得他是一个人在玩。

　　但是，温尼科特认为，他并非一个人在玩。他的心中存在着"母亲"（当然，这里所指的不一定是生物学中的母亲，也可以是照顾、照护小孩的人）。这便是他的著作让人费解的地方。孩子此时肯定只想着沙堡，在我们眼中，他确实是一个人在玩；但其实他心中还存在着母亲，只有在游戏中断时，我们才能发现此点。

　　孩子偶尔会停下手上的动作，转头确认母亲是否坐在身后的长椅上，他担心母亲突然不见，所以游戏就中断了。此时，一旁的母亲也许刷着手机毫无察觉，但大多数时候，母亲都会挥手回应。孩子看到母亲后，就会放下心来回归游戏世界。

　　所以，要保证游戏进行，心中必须怀有他人。当此人消失不见时，人们会感到不安，游戏也就无法继续。孩子只有觉得被母亲拥入怀中，或者和他人顺利重叠，才能进行游戏。

　　这种重叠不只发生于自己和他人之间。我们再回到孩子身上。从外部视角来看，孩子正在用水和沙子，他肯定也知晓这一点。如果有人问"你在做什么"，他大概率会回答"玩沙子，你看看不就知道了"（不知为何，我脑海中浮现出一个不讨喜的孩童）。然而，对孩子而言，那不只是沙子，还是机器人帝国中的坚实要塞，他沉浸在机器人帝国的世界中玩耍。

游戏产生于现实和想象的重叠之处。无论缺少哪一个，游戏都无法成立。如果孩子"只是在用水和沙子"，就毫无乐趣；但如果孩子全身被冷汗浸湿，一脸恐慌地说"这是机器人帝国的要塞，现在非常危险，不赶紧造好，世界就毁灭了"，也着实不妙，这种程度已经不能说是游戏了。

游戏产生于两者之间：主观与客观之间，想象与现实之间，孩子与母亲之间。游戏只会在自我和他人之间的重叠领域进行。这也就意味着，人只有在依赖他人，将身心托付于他人之时，才能进行游戏。

反过来说，也成立。人借着游戏，可以和他人重叠。

大家可以想想笨拙的初恋场景。一开始，我们总是紧张局促，难以放松，只能硬撑着和对方一起打保龄球或去 KTV 唱歌。但不知不觉间，我们逐渐感受到快乐，最后两人可以安然地待在一起。转校生的人际交流也是如此，一开始肯定觉得有些格格不入，但在与大家一起玩的过程中会逐渐建立起友谊。

因为紧张而身体僵硬的我们，在被邀请参与游戏后，总会不知不觉间乐在其中。这说明我们让自己的领域与他人的领域重叠，将身心托付于对方。

这与鸡和蛋的问题一样：先有依赖再有游戏，还是先有游戏再有依赖？但只有两者同时存在，游戏才能成立。游戏只会发生于两者之间。就好比我们追问"先有蛋还是先有鸡"，这本身就是一种思考游戏。

日间照护病房中有许多游戏项目，绝不是为了消磨时间，而是为了治疗。游戏让患者从无法玩耍的状态转至可以玩耍的状态，让患者与他人重叠。

回想起来，高江洌部长、大先生、新一都是游戏高手。他们一直可以开心地玩耍。棒球、排球、圣诞聚会，这些在世界一角用来消愁解闷的小游戏，他们却乐在其中。通过这种方式，患者也喜爱上了这些游戏。

所以，这里的患者们都成了游戏达人。不只是体育运动，他们也沉浸在打扑克牌、打花骨牌、下将棋等游戏里。我有幸加入其中，与他们重叠，得以成为一个会玩之人。

南风原也被带入日间照护的游戏世界中。一开始无法和大家共处的他，在游戏过程中逐渐与日间照护病房重叠，并将自己托付出去。如此一来，他原本出现空洞的自我边界在日间照护闭环式的时间中得到了修复。

奔跑吧，机车少年

让我们归纳整理一下。

因为自我边界这一圆圈出现空洞，南风原才无法感受到无聊。但是，以游戏为媒介，他自己的圆与日间照护的圆重叠在一起，进而修复了自我边界。不过，故事到这里尚不能算是完美结局，还有后续。

毕竟，游戏总会结束。

到了晚饭时间，就不能再玩沙子了，幸福的约会亦会终了。那一刻，机器人帝国的要塞重新变回沙子，刚刚共通灵魂的两人也会意识到独立的自我。

南风原也是一样。无论是打花骨牌，还是打棒球，抑或是组织圣诞节目，人在结束之后就会知道这些不过是消愁解闷的游戏。一切只是错觉，意识到这一点的时候，魔法便会消失，人也会感到空虚及随之而来的无聊。

国分功一郎将此时产生的无聊称为"无聊的第二形式"。

这与等待四小时列车的"无聊的第一形式"不同。第一形式针对的是"外部事物造成的无聊"，第二形式的问题则是"面对外部事物感到的无聊"。比如，明明在参加聚会等消愁解闷的活动，却感受到无聊，这就属于第二形式。南风原此时面临的正是这种状况。针对此点，国分有如下论述：

在无聊的第二形式之中，自己可以安排时间去参加聚会，不会被时间追赶，有余裕直面自己。因此，第二形式中还包含"安定"和"理智"。[1]

是的，这其中包含"安定"与"理智"。南风原的自我边界

1　国分功一郎：《暇と退屈の倫理学　増補新版》，第 242 页。——原注

之圆闭合之后产生的结果正是如此。他不再感受到威胁，不再有事物从空洞中非法侵入，能够安心地"待"着。当从游戏的错觉中醒来时，他就不得不直面空虚，然后体会无聊。

至此，他开始在网上检索信息。他从束缚中解放出来，恢复了自由。感到无聊的他，想要寻找新的事物。

他找到了。南风原在茂盛的网络森林中找到了新鲜事物。

那就是机车驾驶证。

如果获得驾照，便可以一个人去往各个地方。他沉迷于这种设想之中，开始在日间照护病房中翻阅考驾照的参考书，认真学习。之后他顺利取得驾照，并让家人给自己买了辆小型机车。

一开始，他还会满脸自豪地骑着小型机车来到日间照护病房。"好酷啊！""好厉害！"面对患者和员工的追捧，他显得非常受用。

之后，南风原渐渐地不再来了。一直认真报到的他，开始以"稍有点事"为由频繁请假。他发现了日间照护病房以外的世界。

日间照护病房也发生了一些变化。虽然这里的日常依旧在闭环式时间轨迹上循环往复，但的确发生了一些细微变化。每位患者都拥有自己的线性时间，某天来此接受照护，然后又离开，日间照护病房就会发生变化。

员工也是一样。他们的线性时间轨迹与日间照护病房的闭环式时间轨迹交融，画出一条条弧线，循环往复。但总有一天，员工也会离开这里。世界本无永恒之物。每一条线都有着自身的轨迹。我现在也脱离了日间照护病房的圆，来到东京的另一个圆里。如此这般，日间照护病房一直处在变化之中。

但是，每每想到日间照护病房，我都会记起圣诞聚会的时光。那时的我完全适应了日间照护工作，融入其中。那真的是一段美好的时期。

所以，南风原离开后，我虽然十分欣喜，但也略感寂寞。

日间照护病房就是如此不断在变化，日常生活的每时每刻也在变化。变化之中会失去一些东西。没有什么可以永恒不变。是的，也是从那时起，我心中的日间照护病房开始出现裂痕，谁也无法阻止。不过，这还是后话。

南风原离开日间照护病房几个月后，我还见过他一次。那日，我开着面包车，带着大家去丝满港观看名为"爬龙"的传统赛龙舟活动。

笔直延伸的丝满街道当天非常拥堵。车外极为炎热，太阳炙烤着柏油马路。我紧闭车窗，享受着空调吹出的冷风，和患者们开着玩笑。

这时，对面车道中驶来一辆小型机车，白色的车身好像在哪儿见过。车主正是南风原，他一如既往满脸认真地望向前方。

我打开车窗，向他挥手道："南风原！"患者们也纷纷跟他打招呼。

但是，南风原没有注意到，从我们眼前飞驰而过。我们的视线紧紧追随着他，眨眼间只能依稀看到他的背影了。

南风原的机车一路疾奔。

他穿行在堵塞的车辆之中，驶往那霸方向。是去学校吗？我不太清楚，不知道他要去哪里。

但是，南风原肯定有了自己的目的地，这令我十分欣慰。

南风原笔直地行驶在自己的人生道路上，带着圆环前进。

耿直认真的机车男孩，驶离了丝满街道。

对爱情毫无抵抗力的男子

刺！偷！干掉他们两个！

"刺！"

"偷！"

"干掉他们两个！"

这不是强盗抢劫，也不是恐怖袭击、革命或者内乱。顺便提醒一下，这也不是幻听。

这是一场棒球比赛。

并非伤害，而是触垒；并非盗窃，而是盗垒；并非无差别杀人，而是双杀。

在一个很多只猫大打哈欠的运动场上，发生了上述场景。大家分成敌我阵营，一心击败对方。说实话，棒球真的有些野蛮。

在丝满市西崎的小型运动场上，我们为棒球比赛拼尽全力。

领队是昔日的高中球员大先生。即便成为职业棒球手的梦想破灭，每年球队选秀，大先生还是会像自己入选一样激动万分。他是一个狂热的棒球迷护士。

大先生不满足于只在休息日参加业余棒球比赛，在日间照护工作中，他也经常和患者们一起打棒球。如此一来，大先生成功实现了将棒球变成职业的梦想。

每天的午休时间是我们的特训时段。午饭结束后，我和患者们换上运动衣，前往运动场，认真练习传球。在散发着泥土与芳草气息的场地上，我用力传球给康夫。康夫虽然平时总是走神发呆，但在棒球方面却很厉害。无论扔出什么样的球，他都可以机敏地接住，然后晃晃悠悠地回传。

紧接着，魔鬼教练大先生的魔鬼外野击球开始了。

"要来了！看着！"

他击出一个非常高的外野高飞球。白色的球飞向蓝天。隆二迅速奔跑，瞬间抵达球的下落位置。球没入棒球手套之中。

"接得漂亮！"

隆二马上做好传球姿势，把球扔给接球手新一，但是方向稍微偏离了一些。

大先生随即大吼道："好好传球！"

冲绳的日头真的毒辣，只要运动三十分钟，患者和员工就都大汗淋漓了，脸上也晒得通红。

因此，练习一结束，大家马上躲在榕树下喝起 39 日元的可乐。待在树荫下感觉极为舒畅，手中超甜的可乐都变好喝了。

在这么舒适的时刻，大先生也不忘继续指导。

"隆二，你高飞球接得很棒，但是碰上地滚球还有些不如人意，过于畏手畏脚了。"

"知道了。"隆二一边擦着汗，一边答道。

"南风原总是不够稳当，一定要用手套中心部位牢牢接住球。"

"好的。"南风原一脸认真地回答道（日间照护的时间轨迹是圆环形的，所以这里的时间线又混乱了）。

"还有，咚锵你脚步太慢了，明天开始锻炼。"

"是!"我咕咚咕咚地喝着可乐答道。

日间照护病房的每天都在抛球、挥棒、擦汗中度过，完全跟体育社团一样。

但是，和高中球员不同，我们几乎毫无进步。我们的投球姿势一直让人不忍直视，一紧张球就会乱飞，当然也依旧把握不住接地滚球的时机，总是错失。

四年间，我几乎每天都打棒球，但一点儿进步也没有。隆二、康夫等患者也是如此。这可能是因为一开始大家就不是为了变强而练习，只是为了练习而练习。

即便如此，每个月还是有两次实战比赛。患者和员工分成实力相当的两个队伍，展开对战。大家殊死拼搏，热血沸腾。

"混蛋!"

每天都以最小语言单位"嗯"生活的"室主"在丢球后也会这般大喊。

每当听到击球的声音时，往常坐在长椅上发呆的友香和裕次郎都会目不转睛地注视着球的运动轨迹。

满垒的局面下，突然飞出一个外野高飞球，场上不知谁喊了声"回本垒"，位于三垒的康夫马力全开、一路飞奔，一副誓不罢休的样子。得分后，大家欢呼雀跃。

大先生随后使出本垒打，实现了出色的一击反攻。

第四棒打者大先生挥舞球棒，将球击上蓝天。本来应该很重的球如同纸飞机一般在空中滑过，穿越外野对面的榕树，消失在街区之中。大先生慢悠悠地绕着内野奔跑，与站在长椅前面欢呼着迎接自己的患者们热情击掌。大先生的本垒打十分漂亮。

棒球让人热血沸腾，为了获胜我们都激动到红了双眼。

每一个日间照护机构都有类似活动。有的和我们一样，会在运动场、体育馆开展正式运动，有的会在诊所内打乒乓球，还有的会让患者用塑料球撞击矿泉水瓶，办场迷你高尔夫活动。总而言之，日间照护工作中都有一些体育运动项目。

可能是因为日间照护过于和平安稳了。大家估计已经听得耳朵起茧子了吧，但这就是本书的主旨，所以请允许我再重复一遍：日间照护中万事万物纹丝不动，时间是静止的（稍微有点停滞反而刚刚好）。日间照护便是和平到让人无聊的工作。

但实际上，日间照护的和平只是假象，它完全建立在危机四伏的平衡状态之上。患者们脆弱、易受伤害，且有激烈、易怒的一面，只是被药物和照护压制着。

因此，日间照护的和平背后，总是有东西蠢蠢欲动。

当然，日间照护中有应对这些蠢蠢欲动东西的举措。我们会举办各种各样的活动——卡拉 OK 比赛、圣诞聚会、远足、海边聚餐等，排掉积压的毒气，搅动沉寂的时间。

这正是民俗学中所谓的"晴与亵"。[1] 又要重复之前的话语了，"日常（亵）"逐渐枯竭，便会形成"秽"，"秽"引发失控，威胁日间照护的和平。因此，需要偶尔插入"非日常（晴）"的时间，让枯竭之物恢复生机。

"晴"即庆典时间，大家可以做平时不被允许的事情。小丑可以戏谑国王，年轻人可以取笑老人，所有人都不分场合开一些猥琐的玩笑。这便是有别于日常的特别日子。

最具效果的就是体育运动。体育比赛往往要分出胜负，因此大家平时隐藏的攻击性得以充分释放。即便是温吞的迷你高尔夫，在决胜点时众人也会相互厮杀、一决高下。就这样，暗处蠢蠢欲动的东西得以消散，停滞的时间得以再生，日照和平得以重建。

所以，我们在打棒球时会变得十分野蛮。

"刺！""偷！""干掉他们两个""我真想给你一脚！"

咦？棒球规则中允许踢别人吗？

没错，庆典之中也暗含危机。被释放出来的东西一旦失去控制，就会引发事件。

事件发生

当时，我在中场做防守（为了保护外野）。因为大先生漂亮

1　日本民俗学中，用"晴"指代婚礼祭典等特殊之日，用"亵"指代日常生活。

的本垒打，胜负基本已定，所以我一边和平时一样回想着过去人生中发生的糟心之事，一边发着呆。忽然，耳边传来击球声，当我回过神来的时候，球已经从我头顶飞了过去。

不好！位于一垒的隆二此时飞奔了起来，我赶紧追球，终于在最靠里的地方捡到了球，然后使出浑身力气回传。

就在此时，我脚下一滑，"啪嚓"一声摔了下去。

而球在这一刻从负责拦截的游击手南风原的头上飞过，径直朝着捕手大先生飞去，真是一个奇迹般的好球。隆二跑过三垒，随后飞快冲入本垒，算是危险进垒。

"出局！"[1]

裁判高江洌部长以美国职业棒球大联盟的夸张姿势宣布跑垒员出局。

隆二顿时激动怒吼："什么！我明明踩到本垒板了。"

"出局就是出局。"高江洌部长开心地重复道。

"别开玩笑，"隆二激烈地辩驳道，"我真想给你一脚。"

隆二一脚踢飞本垒附近的捕手头盔，冲向高江洌部长。局面瞬间变得紧张，其他患者一动不敢动。

隆二就要踢到部长的时候，大先生及时地制止住他。

"隆二，镇定点，"大先生挤入两人中间，触碰隆二的"心体"，阻止他使用暴力，试着灭火，"我们好好谈谈。"

---

[1] 此处本垒上的捕手大先生先接到球，跑垒员隆二才进垒。危险进垒经常需要裁判仔细衡量。

这个时候的大先生极具魄力，激动的隆二瞬间停止了动作，默不作声。而后两人消失于挡球网后面，进行了一场私下交谈。

棒球比赛是一个庆典，也是一场非日常活动，因此局面有时会白热化，引发事件。

我仰面躺在外野看着这一切。本来我应该冲到现场，但是脚太疼了，绝对是伤到了。

对爱情毫无抵抗力的男子

回到诊所后，我立即找人瞧了瞧，果然是扭伤了，脚踝肿得厉害。

"咚锵，不用这么慌张啦。"大先生看着我的伤口笑了笑。作为一个棒球狂热爱好者，他还顺便评价了我的表现："回传得挺漂亮嘛。"

然后，他帮我包扎，固定好脚，贴心地给予照顾。"不错吧？我在以前那家医院，打针也是最好的。"他确实很娴熟，虽然粗大的手指像毛毛虫一样，但利落地给我的脚踝裹上了白色的绷带。我感觉正在接受大猩猩妈妈的照顾。

大先生不仅是个棒球迷，还是日间照护病房中的爸爸、妈妈。他既强调遵守规则，也细心照护大家。患者十分信任他，工作人员亦是如此。大先生是日间照护病房的精神支柱。

因此，在工作会议上，大先生总是坐在中心位置。这回也是，大家围着受到照顾的我和帮我处理伤口的大先生坐了下来，开始开会。发生事件时，我们会分享信息，确定措施。这次讨论的焦点正是隆二。

最近，隆二接连引发事端。他经常生气，与其他成员发生冲突，甚至开始对工作人员发脾气，情况很不稳定。目前为止，他还没有直接使用暴力伤害他人，但在运动时经常大喊大叫或闷闷不乐。事后，隆二又会陷入自我厌恶的状态，独自一人郁郁寡欢，表情也变得阴沉。一旦受到什么刺激，他又会再次引发事端。

大先生与隆二交谈后得知，他的症状不太乐观，常会听到"去死""死变态"之类的声音。这大多发生在隆二想到女性的时候。

"果然，和百合交往对他来说是个负担吧。"大先生说。

"哈呀！"高江洌部长叫道，"百合真是个魔女。"

事实上，隆二就是个对爱情毫无抵抗力的男子。

大学患上精神分裂症，住院治疗过一段时间的隆二，在三十出头的年纪来到了日间照护病房。隆二的康复进展顺利。作为年轻的男性患者，他宿命般地成了大先生棒球队的一员，再加上他本来就擅长运动，很快顺理成章成了球队主力。之后，他经常与其他成员交流互动，为日间照护病房带来了更多活力。他刚来这里不久，便被判定很快就会回归社会，可以说他是一位功能性损伤较轻、恢复状态较好的患者。

然而，恋爱成了他的绊脚石。

隆二接二连三地钟情于医务助理女孩。由于负责医疗事务性工作的女孩流动率极高，一有新人进来，隆二就会陷入恋爱，导致状况恶化。每当想到喜欢的女孩或者幻想性事时，他都会出现幻听，变得异常焦虑。每隔一阵子，他就请假不来。

每当此时，都是大先生陪着他。大先生以护士的身份告诉他，喜欢别人并不是一件坏事，性冲动也很自然，如果感到不安，那么就尽量别去思考这些。

恢复、陷入恋爱、病情复发、恢复、再次陷入恋爱，这种情况不断发生。他来此转眼已有五年之久，而这一闭环周而复始。

隆二最后总会恢复，虽然不停打转，不过他仍然在稳步前进。改变的契机是他偶然间爱上了医务助理女孩优花。之前，隆二爱上过比嘉美沙，但由于对方态度冷淡，这段感情很快就结束了。然后，隆二爱上了优花。

优花在家里养了一条蛇，是个奇妙的天然呆女孩，她并不介意隆二对她表达好感。"我真的很受欢迎呢，嘿嘿！"她笑着接受了。

这让隆二稍微安心了一些。然后，在因恋爱产生的混乱中，他学会了保护自己。令人惊讶的是，隆二邀请优花在圣诞聚会上与他一起表演钢琴四手联弹（前一章曾稍微提及）。

面对大了将近一轮的男性，只有十几岁的优花有些迷茫，但她天真无邪、乐观开朗，还是笑着接受了。她一边说着"有点难啊"，一边与隆二一起练习。

这是个好事。他的爱情并没有以赤裸裸的方式呈现，而是借助钢琴音乐传达。隆二和优花保持了一定的距离，但还是尽量和她待在一起。即便最终目标没有达成，他仍然能够享受过程。对于隆二来说，这是一次重要的经历。他学会了忍受恋爱冲动，也意识到恋爱并不是威胁。

真正的事件发生在此后不久。

隆二忽然开始和百合交往，就是那个唱着"呜啦啦"，和隆二因为一条毛巾被爆发"杀掉或被杀"激烈冲突的百合。这是一个突如其来的事件，我感到措手不及。其他的工作人员和成员也是如此，连大先生都极为吃惊。因为这两个人的性格截然不同。

女性交往经验为零、朴实无华的隆二（除了球衣，几乎没有见过他穿其他衣服），和花哨、健谈、男性交往经验丰富的百合（外表完全是个辣妹）开始恋爱，真是让人难以置信。

"哇，隆二真厉害，哇哈!"不再是隆二单相思对象的优花高兴地说道，但我和护士们还是有些担心。

百合之前和日间照护病房的几个男性成员交往过，但很快就分手了。如果这次爱情燃尽后也很快分手，隆二的状态还会像现在这样吗？我们不免担忧。

然而，谁都无法阻止别人的恋情。当我看到他们幸福快乐的样子时，内心也想祝福他们。大家都有这样的心情。玉木就经常拿他们开玩笑。

"怎么样？你们俩亲过嘴了吗？就只告诉我好吗？"

"你真是无聊啊，玉木，这怎么能说……"百合悄悄说道，然后看向隆二，"是不是不能说呀～"

虽然有点羞怯，但隆二宣告似的说道："亲过了！"

玉木立刻兴奋地站起身，迫不及待地说："哎哟！真厉害，隆二！动作真快呢。"

"这种事情不能说出去啦。"百合用胳膊肘碰了碰隆二。

"抱歉。"隆二羞愧地说着，嘴角却忍不住笑意。

"真是恩爱呀，哈哈！"优花笑着说。

隆二看起来很幸福，但事件就此发生。从这时起，隆二逐渐变得不安起来。

事件论

日间照护中偶尔会发生一些事件。不，回想起来，事件其实从未消失。一起事件结束，另一起事件开始，往往还有其他事件相伴出现。

同时，日间照护又十分和平。正如我在第三章中所说，日间照护的和平是在承受各种事件的状态下勉强维持的。

因此，我们经常召开员工会议，彼此分享信息，讨论相应措施，这些对于各种事件频发的日间照护来说至关重要。

每到这时，我们会坦率地表达自己的看法。

"出事后再采取行动就太迟了，"总管范儿的惠子说道，"我们已经与隆二谈过多次，但他还是不能很好地遵守规定。让他暂时离开照护病房，也许也是个办法。"

惠子在大多数时候是一个强硬派。为了维护日照和平，她觉得有时必须采取一些严厉措施。

"有道理。"大先生点头同意。

在这种情况下，护士基本上是奉行安全第一的和平主义者。如果着火了，就要尽早扑灭。无论对周围众人，还是护士本人而言，这都是较为安全的举措。

如同传染病一般，小错误或过于乐观的考量可能会引发伤及生命的严重事故，他们深知这点。发生事件会使风险提升，所以必须尽早扑灭火源。

然而，此时可以采取的手段极为有限。一旦成员们的心中燃起火苗，要想平息是很不容易的。世上并不存在能够瞬间安抚心灵的魔法咒语，药物也只能取得暂时的安心。就像江户时代的火灾，当时消防技术不够先进，一旦着火，基本上只能等它烧完。因此，江户的消防人员会拆除火灾周围的所有房屋，防止火势蔓延。

日间照护中灭火的护士们亦是如此。当火势蔓延时，为防止日间照护病房全面失火，他们会立即隔离火源。具体来说，就是禁止当事人继续接受日间照护。

起初，我认为这种方式极为冷漠、无情，简直就是让人憎恶的家长作风，思考过是否还有更好的办法。但渐渐地，我开始明白这也是一种照护方式。一旦火源燃起，就难以控制。尽管隔离看起来不近人情，但可以最大程度降低其他成员可能受到的伤害，也可以最大程度控制当事人的情绪。如果照护的目标是预防受到伤害或者尽量减少伤害的话，那么采取严厉措施也就具备了照护的机能。

为了维护日照和平，护士们拼尽了全力。

尽管了解这些，但每当遇到事件，我却难以做一个和平主义者。

对于护士们来说，事件是对日常秩序的破坏，因此不希望发生事件。为了维护和平，他们会努力扑灭火苗。

然而，心理医生与之不同。尽管常给人留下温和的感觉，但心理医生并不只看重稳定与和平。我不否认和平的可贵，但有时失去和平，经历痛苦和冲突，对心灵而言也是重要的事情。

这就涉及治疗。照护的基本工作是消除或缓解痛苦，而治疗则认同直面创伤和困境的意义。直面痛苦、焦虑不安、沉落谷底，这种乍看消极的经历会促进心灵的成长与成熟。好比要想成为一名出色的棒球手，就必须接受艰苦的训练。

因此，我可以直言自己并不讨厌事件。一旦有事件发生，说明此时正在发生极为重要的转变，我也会干劲十足、全力以赴。

如此想来，事件真是神奇。它既是灾难，也是新生。这里让我们稍作停留，仔细思考一下何谓事件（感觉像侦探一样）。

哲学家斯拉沃热·齐泽克在他的著作《事件》中给出了如

下定义：

> 事件总是以某种出人意料的方式发生的新东西，它的出现
> 会破坏任何既有的稳定结构。[1]

齐泽克指出事件是突如其来地打破日常秩序的东西，不是局部的破坏，而是直接摧毁支撑日常生活的框架。

如果发生的是事故，只要处理整顿，通常可以恢复原状（虽然这是一项极为艰巨的任务）。但是，事件却不同。例如，"9·11"事件彻底改变了人们对伊斯兰教的认知，导致全球警戒、战争爆发。如此这般，事件会摧毁原有的组织结构。而且，当我们置身于事件之中时，完全无法预测接下来会发生什么。事件颠覆了平凡的日常生活。

因此，事件有两个面向。

它会破坏日常，毁灭之前的自我，还会打乱秩序，加剧风险。但与此同时，它会开拓新的世界，创造新的自我。这样破坏就转变为创造。有趣的是，在齐泽克分析的典型案例中，除了基督复活、佛陀顿悟及《江南 Style》风靡（据说在玛雅日历预测的世界末日当天，这首歌在 YouTube 上的播放量超过了 10 亿）等世界级事件之外，还有恋爱。

1　此处译文参考《事件》(上海文艺出版社 2016 年版)，第 6 页。

这难道不正是我们坠入爱河时的感受吗？在这个意义上，爱难道不是一种永久的例外状态吗？在爱中，日常生活的所有平衡都被打破，我们做的一切都沾染上了关于"那"的想法。[1]

然后，齐泽克引用了著名美漫《睡魔》的作者尼尔·盖曼的一段话。顺便提一下，这部漫画似乎讲的是沙人的故事。但沙人是否懂得恋爱？对象是谁？雪女吗？暂且不讨论这些。

它使你如此脆弱不堪。它楔入你的胸膛，打开你的心，然后某个人可以进到里面，把你弄得一团糟。……于是你的生活不再是你自己的。你成了爱的人质，爱进入了你的身体，它在内部吞噬你，任凭你在黑暗里哭泣。[2]

没错，恋爱是非常危险的，很容易变成一场大火。

实际上，日间照护病房中萌发的爱情，会导致各种问题。患者的人际关系可能变得复杂，幻听可能加剧，情绪可能变得不稳。此外，情侣之间也可能互相伤害。患有精神分裂症的成员在爱情中极为脆弱。他们发病往往与性密切相关。在青春期、青年期这种不稳定的阶段，恋爱或主动、被动的性接触导致心理负担过重继而发病的案例不胜枚举。

也许，恋爱萌发于每个人内心最为脆弱的部分。因此，陷

1　此处译文参考《事件》(上海文艺出版社 2016 年版)，第 92 页。
2　同上，第 92—93 页。

入爱情时，人们会遍布软肋、极易受伤。

为什么呢？为什么恋爱具有如此大的破坏力呢？

对于上述问题，心理学方面的阐释多种多样，但我最喜欢深层心理学泰斗荣格的理论。众所周知，荣格曾让自己的出轨对象和妻子住在同一屋檐下，还与自己的患者陷入爱河。因此，他的恋爱理论还是很有说服力的。

荣格认为，在恋爱时，男性的"阿尼玛"、女性的"阿尼姆斯"开始活跃于心灵深处。

"阿尼玛"和"阿尼姆斯"指与平时的自我完全相反的自我。换句话说，虽然男性通常表现出男性特质（也有例外），但其心灵深处仍然隐藏着未曾彰显的女性特质，即"阿尼玛"。与之相反，女性则潜藏着未曾显露的男性特质，即"阿尼姆斯"。

比如说，沙人每天生活在炎热而干燥的沙漠中，雪女则生活在寒冷而湿润的雪山中。沙人会不可避免地被雪女拥有的自己从未具备的东西吸引。

从表面上来看，坠入爱河是对现实中的某个人产生了恋情，旁人来看也是这样。对方可能是静香，可能是花泽，也可能是雪女。但实际上，这是我们内心的"阿尼玛"被投射到外部的结果。在沙人对现实中的雪女产生恋情时，他的心灵深处也被"阿尼玛"动摇了，一直未曾展现的一面得以展露。

因此，恋爱颠覆了之前的日常。我们努力创造的适应现实生活的自我被内部涌现的相反之物摧毁。爱情是盲目的，会让我们丧失现实感，的确称得上是事件。

然而，恋爱并不仅仅是伤害和破坏，这也是事实。事件还有另一个面向。

一些日间照护病房的成员经由恋爱，最终走向了婚姻，建立了稳定关系。双方后来还生了孩子。他们度过了像风暴一样的非日常时光，克服了困难，构筑了新的日常。

这为他们的生活带来了积极的变化。他们拥有了自己的居所，开始为家庭和孩子努力工作。从此，他们的人生进入了新的阶段，宝贵的东西不断增多。

我们也一样，不是吗？恋爱使人成熟。

只要读读少女漫画，就可以很好地理解这一点。少女漫画通常具有相似的结构。女主角在故事开始时还很幼稚，天真无邪、有些粗心、毫无负担，大概率是个吃货。她对自己是女性并没有明确的认知。

紧接着，她经历了一个事件，坠入爱河。她通常会钟情于篮球部或足球部的阴郁少年。（对阳光少女来说，阴郁少年就是"阿尼姆斯"。不过，为什么男主角基本不可能来自乒乓球部呢？）随后，少女感到困惑，变得脆弱易伤、忧郁多思。

但是，不管怎么说，历经千山万水、千难万阻、千辛万苦（此处可以无限延伸……），少女克服了迷惘，与男孩终成眷属。此时，她就从孩子变成了大人，接受了自己是女性的事实。一个崭新的她出现了，一个崭新的世界开启了。这就是少女漫画中常见的情节。

感觉绕了一大圈，但我想说的是，事件不仅仅是破坏日常，还会带来成长和成熟。而心理医生尤其是从事治疗的心理医生，非常重视后者的可能性。

回归上文，问题在于恋爱会给隆二带来新的体验还是伤害。我认为隆二或许可以从恋爱中得到一些新的东西，也觉得他应该具备面对这一切的力量。因此，我在会议上说道：

"隆二不是与员工而是与成员坠入爱河，这是一个新的事件。如果能够度过这关，将是了不起的进展。而且，隆二虽然会冲东西发泄，但也时刻保持克制，尽力不对他人发火，我觉得他的部分现实还在。"

隆二并没有丢掉现实，被恋情淹没，而是在接触现实时，小心翼翼不去破坏它。"阿尼玛"并没有完全吞噬隆二。

因此，虽然事件正在发生，恋爱确有风险，但我认为隆二能够顺利度过这关，获得一些东西。

"有道理。"大先生点了点头。

大先生主持整个会议，大家各抒己见，众人的想法在他的心中萦绕，再经由他冷静、细致地思考。尽管看起来像只大猩猩，但大先生的心思极为缜密。最后，他说：

"总之，让我们暂且观察一下吧。"

最终决定是这样的。一旦事态恶化，我们会禁止隆二继续接受日间照护，但在此之前，我们还想再观察一段时间。

无论如何，我们能做的只有"观察"，日间照护中并没有魔法，也没有解决事件的名侦探。归根结底，心灵问题就没有特效药，唯有时间这种疗效较慢的全能药。

尽管日间照护中的时间停滞不前、流动缓慢，我们还是会关注它如何改变心灵。为此，我们不断开会讨论。护士们从照护的角度表达见解，心理医生则从心理学的角度提出看法（这就是日间照护心理医生的专业性）。

我们并不只是一味地观察，而是同时在思考发生了什么。这就是日间照护的做法（其实心理咨询也是一样的）。

"好，那么我们加油吧。"会议结束时，大先生这样说道。

"辛苦了。"说完，大家回到自己的岗位，带着各种想法走到成员们身边。

白熊和鲸鱼

从结果来看，隆二的恋情很快就结束了。

转眼间，两人就分手了。百合马上和日间照护病房内的另一位成员开始交往，不久又分手了。即便如此，她一直泰然自若。

"真是个魔女啊。"高江洌部长叹了口气，抚摸着秃头说道，"我也得小心点。"

虽然不太清楚要小心什么，但部长肯定有很多纠葛。百合也有许多纠葛，她的内心孤独寂寞、渴望依靠，因此会不加选择地陷入爱情，但最终没有人能承受她的一切，令人悲伤。

被甩的隆二过得十分糟糕，食欲不振，晚上难眠，经常感到烦躁难耐。但更明显的是，他已然筋疲力尽。

不过，隆二还是每天来接受日间照护。以前的隆二一旦状态不好，就会躲在家里，需要半年才能恢复正常。而这一次，他没有休息。

取而代之的是，他虽然来了，却经常一个人独处。以前，他会在一楼和大家聊天，现在却选择躲进半地下的乒乓球室，避开他人的视线，要不就是在和室的角落里睡觉。有时，他会弹奏钢琴，显得颇为落寞。

碰上午休时的棒球活动，他会说："今天请让我休息一下，有点累了。"排球活动时，他也不参与，只是旁观。就这样，隆二整个人陷入了郁郁寡欢之中。

此时，隆二不再压抑不住内心的怒火，也不再做出什么异常的举动。从表面来看，他似乎平静了很多。总管之风的惠子非常放心地表示"太好了"，但我觉得隆二正陷进事件当中而无法自拔。

隆二努力克制自己。实际上，他受到深深的伤害，内心燃烧的爱情火焰不断威胁着他。这团火焰灼烤着他，又让他激动和恼怒。我认为隆二快要崩溃了，他一直在与那样的东西做搏斗。

他的内心深处在艰难战斗，虽然表面上看似平静，实际上他正处于漩涡之中。

精神分析学派的创始人弗洛伊德谈到"日常烦恼"时说过：

冲突双方像白熊和鲸鱼，极少有打照面的机会。只有将两者摆在同一个层面，才能展开角斗。我认为，实现两者的碰撞，正是治疗的首要任务。[1]

我们的心中住着白熊和鲸鱼，它们分别生活在冰上和水下的两个不同世界，通常不会相遇，彼此对对方一无所知。

在这里，白熊是意识，鲸鱼是无意识；或者白熊是自我，鲸鱼是"阿尼玛"。称呼多种多样。

重要的是，借由白熊和鲸鱼的角斗，我们的内心才会变得更加丰富，这是弗洛伊德的理念。他认为直面内心的一切，应对和解决冲突是有价值的。

然而，在日间照护病房的成员中，有人内心的鲸鱼太过强大，很容易打破冰面（这里的冰等同于前文提到的"自我边界"）。在这种情况下，鲸鱼会把白熊拖入海中，我们的内心世界就会变得极其危险。

恋爱尤其会使鲸鱼变得凶猛，我认为隆二的坚冰已经被打得粉碎，鲸鱼正试图吞下白熊。于是，白熊感到不安、烦躁，变得极不稳定。事件发生时就是这样。由于强大的鲸鱼正和白熊血腥搏杀，所以隆二隔绝了外界，避免刺激鲸鱼，试图让它再次潜入冰下。隆二以这样的方式，成功地抵御了鲸鱼的猛烈攻击。

---

1 《弗洛伊德文集：精神分析导论》，此处引自日译版《フロイト全集 15·精神分析入門講義》，第 522 页。——原注

事件往往发生在人们难以察觉的地方。乍一看，隆二似乎是在进行一场孤独的战斗，但他其实并不孤单。他没有请假，每当他来到日间照护病房时，总有人与他交谈，比如玉木、淳子、友香，都是过往与他产生关系的人。

虽然他们只会短短说上几句，交谈内容和隆二内心深处的事情无关，但与他人相处，与他人交谈，对白熊是一种帮助，让它能够与现实连接。

不仅如此，尽管时间很短，大先生每天都与隆二聊天。大先生非常担心隆二，但他们谈论的话题极为日常，多是身体或睡眠等事，有时也会聊到隆二的幻听或者恋爱。隆二告诉大先生"不太好"或者"有点好转"，大先生只是回应"嗯，知道了"。

隆二与大先生交情颇深，所以他非常信任大先生。有一个值得信任的人陪伴在身边，关心着自己的状况，对白熊来说是一种莫大的支持。在这段时期里，我经常看到他们俩在房间的一角聊天。鲸鱼正猛烈地撞击着冰床。

不变和变化

三个月后，我们照常进行棒球的击球训练。虽然风已稍带凉意，但阳光依旧炙热，我和隆二的脸都晒得通红。

鲸鱼的势头似乎减弱了，再次沉入冰下。隆二独自待着的时间变少了，开始和以前一样同成员们聊天，也重新回到了棒球队。

他与百合的交谈看起来十分自然，不紧张也不焦虑。每当此时，隆二满是痘印的脸会放松下来，露出微笑。

一切似乎都恢复了正常。

一切都回到了原状，什么都没有变。隆二像以前一样接受日间照护，百合也像以前一样欢笑不断。日间照护病房重回昔日的平静。

事件发生，度过艰难的时期，而后构建新的日常。我曾写道，事件有促进内心成长和成熟的功效。但实际上，发生的一切又再次恢复原状。

在日间照护中，人们会对治疗感到困惑。

如果是身体的治疗，就清晰明了了。受伤或生病的人会暂时寻求治疗，成为患者。通过注射、手术和休养，身体就会康复，像我的扭伤好转一样。然后，本来是患者的人就不再是患者了。在此，治疗只是手段，是经历的过程。

内心的治疗，即心理治疗，则相对复杂。由于心灵的疾病涉及人们的生活方式和价值观念，究竟怎样才算彻底治愈，很难言明（现代社会中，没有人知道什么样的生活方式才是正确的）。即便如此，心理治疗依然试图为患者创立新的生活、重构新的人生。这就是我们所说的成长。因此，对于心理治疗来说，事件具有深刻意义。在此，治疗同样只是手段，是经历的过程。

日间照护的情况就不一样了。日间照护高度重视"不变"

的价值。我们花费大量人工、时间和医疗保险金，投入巨大的精力来追求"不变"。

日间照护是为了度过"一天"而度过"一天"。因此，我们使用的手段就是目标。成员们接受照护，是为了留在这里。这时，治疗不再是经历的过程，而是"常驻"的事物。

当然，也有一些成员成功回归社会，每当此时，我会感觉我们似乎做了一些类似于治疗的工作，但大多数成员是为了能够安心"待"在日间照护病房，才"待"在日间照护病房的。这确实是现实。

在这种看似毫无意义的循环中，我时而也会动摇。

这样就可以了吗？我们不应该追求成长、寻求康复吗？我的脑海中总会传来这样的声音。

然而，在日间照护中，我逐渐理解了不成长、不治愈、不改变的价值。

我们所处的社会往往认为"变化"是重中之重。

如"PDCA 原则"[1] 所示，针对一切事项，我们皆须制定计划、实施挑战、检查进展、改善行动。这被视为正确的处事方式，也是我们社会的基本伦理。

但实际上这是极为特殊的想法。我们生活在一个非常极端

---

1 "PDCA"，指计划（Plan）、实施（Do）、检查（Check）、行动（Action）。无论哪一项工作，都离不开"PDCA"的循环。

的社会之中。人类学学者列维-斯特劳斯在其著作《野性的思维》中，将原始的部族社会称为"冷社会"，将我们所处的社会称为"热社会"。

我在别处提出过，在"无历史的种族"与其他种族之间人们所作的笨拙的区别，可以更恰当地以（我为方便起见称为）"冷的"和"热的"社会之间的区别来取代：前者通过它们的机制企图以半自动的方式消除历史因素对其平衡和连续性的影响，后者坚定地使历史过程内在化，并使其成为本身发展的推动力。[1]

这段稍显晦涩难懂，简而言之就是，热社会是历史性的发展，立足过去，面向未来，循序渐进。热社会的发展轨迹是直线形的，孩子必须超越父亲，经济必须实现增长，一切 go forward。

与之相对，冷社会一旦面临发展，则会亲自摘除萌芽。冷社会注重保持不变。因此，祖父、父亲、孩子的生活方式完全一致，礼仪一成不变，整个社会呈现出一种圆环形的运行轨迹。

因此，世人一般认为我们生活在热社会中，亚马逊深处的原始部族生活在冷社会中。

但是，这或许并不正确。我们既生活在热社会中，也生活在冷社会中；有时追求变化，有时也注重不变。我们不都费尽

1　此处译文参考《野性的思维》(中国人民大学出版社 2006 年版)，第 214 页。

心思保证自己能照常度过每一天吗？上司一旦提出改革，大家肯定会吐槽："别了吧。"

我们追求人生中的"热"，但同时也觉得生活还是处于"冷"模式比较好。我们享受这种"冷"模式带来的安定，因此，所做的事情并非都有所图谋。

比如，我们每天都会打棒球，但并非为了提升技术。我们纯粹是为了接球而接球，为了击球而击球。

同样，我们不是为了死亡而活着，只是为了活着才活在当下。如此，我们便有了生活。在日间照护病房中，我深深感受到了"冷"的可贵。

不过，即便如此，上述内容真的可以完美概括日间照护病房中的现象吗？真的毫无变化吗？可以这样断定吗？隆二没有获得爱情之果，我的棒球技术没有提升，但是真的没有产生任何变化吗？

通过恋爱，隆二的白熊变强了；通过接球练习，我可以和成员们"待"在一起了。

被我视为精神导师的心理学家河合隼雄曾提及一则来自患者的感谢之言："托医生的福，我变了很多。变着变着，结果发生了360度的变化。"真的是句名言呀。我们可能亦是如此。一提到日间照护病房，"不过，即便如此"就成了我的口头禅。这里存在着某种让我欲言又止的东西，"变化""不变"的界限模糊不清、难以区分。

"不过，即便如此"，日间照护病房中仍会出现小小的戏剧性场面。

今天我们在体育场上一如既往地进行着棒球练习。

高弹跳的球朝着隆二袭来。因为应付不了短打，隆二没能接住。

"东畑先生，短打有点可怕呢。"隆二笑着说。

"不过，接到的话感觉会很棒哦。"

接下来轮到我了。球朝着我飞来。我的侧腹一阵抽痛，是先前肋骨骨折的地方。但是，我坚持向前迈出一步，伸出接球手套。最后，球还是滑落了。

"果然很难呢。"我们的棒球技术一点没长进。

这是一如往常的景象，只是击球的是新一，不是大先生。

大先生已经不在球场上了。不，他已经不在诊所里了。

在隆二稳定下来后，大先生决定辞去诊所的工作，为了新的事业离开冲绳。

是的，在隆二与鲸鱼搏斗的时候，大先生也在为自己的人生烦恼。他的内心深处发生了事件。

不对，事件实际上早就发生了。那个夜晚，大先生曾说过："在我辞职前，不可以辞职。"大先生一直在考虑何时离开。

最终，大先生做出了决定。他离开了日间照护病房，决定在新的地方开始新的生活。人一旦做出决定，就会像全垒打一样，瞬间消失。

就在一周前的送别会晚上，我不顾一切地向大先生发起了一场相扑挑战。送别会结束后，我们离开了常去的居酒屋，在停车场，我下了战帖。当时我已经喝醉了。

"哈哈哈！战斗吧！"喝得糊涂的高江洌部长充当裁判，大声呼喊。

我用尽全身力气撞向大先生，与之纠缠在一起。我抓住了大猩猩的身体，而大猩猩也抓住了我瘦弱的身体，好痛苦。

突然间，一股强烈的愤怒涌上心头，令我自己都惊诧不已。我不清楚为何心底会涌出这样的情绪。

"我要杀了你。"我全身的肌肉细胞都在运转，一心想把大先生扔出去。我拼尽全力，打算把他狠狠地摔在柏油路上。肌肉燃烧着氧气，热血冲击着头脑，我内心的鲸鱼暴跳如雷："我要杀了这个胖子。"

但是大先生纹丝未动，一点摇晃都没有。大猩猩太强了。随后，他轻而易举地拎起我，扔在停车场的地面上。我全身撞击在地上，感觉肋骨裂开了，疼痛不已。

"东畑先生，哎哟，太弱了，哈哈！"优花笑道。

"好痛啊。"我疼得在地上翻滚，"大先生，真的好强啊。"

大先生平静地站在一边，酒精令他身体发红。然后，他低声说道：

"对不起。"

"嗯？"

大先生再次说道：

"对不起，我不可能永远待在这里。"

"嗯。"我其实是明白的。

我感到寂寞、无助。没有大先生的日间照护病房，我无法想象。

大先生掌控着日间照护病房的一切，是支持大家的中流砥柱。没有了大先生，我觉得日间照护病房便无法照常运转了。所以，他决定要离开时，我感到异常愤怒。对我来说，这也是一个事件。

当然，大先生最终还是离开了，没有了大先生的日间照护病房继续运转着。

与我预想的不同，日间照护病房一切如旧、一成不变。这里是一个"冷社会"。无论发生什么，都有一种力量维持着它的不变。所以，今天我带着侧腹肋骨损伤后遗症，坚持参加了训练。

"大先生去东京了吗?"隆二问，"有人知道点什么吗?"

"完全没联系。"

大先生走后，音讯全无。所以，我们觉得他可能还在冲绳附近玩棒球。

"说不定他还躲在冲绳呢。"

"那样就好了。"

因为心情沉重，我们一起笑了起来。

"也许他欠了什么债吧。"隆二喃喃自语。

"再来一次，走起!"新一挥动着球棒。

一记强烈的短打来袭，隆二的双脚立刻移动。

他比平时快了一步，迅速伸出接球手套。猫在我们的对面打着哈欠。

"啪～！"球被稳稳接住了，太帅了。

也许我们的棒球还是初级水平，但有时候也会有漂亮的表现。

"接得好！"我喊道。

隆二"咻"地吹了个响亮的口哨。

Chapter 7
治疗者与患者

周五的内部笑语

周五真的很累：早晨的通勤

周五步履沉重。

我每天徒步通勤，戴着耳机，听着音乐。这天的背景音乐来自贾斯汀·比伯。那霸即将迎来冬天，寒风阵阵。我把手伸进口袋里，慢慢地爬上小禄的坡道。

我原本想用快节奏的舞曲来激励自己，因为实在疲惫，但比伯轻快的歌声却让我觉得有点吵闹。因此，我按住 iPod 换了首歌，改听"决明子"乐团的《三十岁大干一场》。当然，我没有受到激励，也没有力气"大干一场"。长长的坡道正在削弱我的斗志，真的好累，真的很想休息。

周五真的很累。

从周一到周四，我每天要花十个小时不断与人打交道。从上班到下班，我都与日间照护病房的成员们待在一起，其间还要承担不少心理咨询工作，午休时间自然是练习棒球，不疲惫才怪。

加上最近高江洌部长正处在兴头上——他老家宫古岛的同学在那霸市的国场开了一家名为"天龙"的奇怪居酒屋。

一到傍晚，"天龙"的老板就会发信息问："今天来吗？"部长每次都开心不已、跃跃欲试："哎哟！今天也不能不去呀。"

然后兴高采烈地邀请我们："新一、咚锵，今晚怎么样?"

年过六旬后，比起漂亮的夜总会老板娘，他更喜欢收到邋里邋遢的老同学的信息。对他而言，带着年轻的下属去常去的居酒屋，似乎是足以媲美邀请玛丽亚·凯莉[1]吃顿满汉全席的盛大之举。

因此，他经常带我们去"天龙"，大口灌下一杯杯高度泡盛，一醉到天明。这样一来，我的体力更加消耗殆尽。

即便如此，我还是会去上班。如果我仍是中学生，可能会边摩擦体温计，边喊着"发烧了"，宅在家里看电视综艺。但我已经是个有家庭的三十岁出头的男人了，所以不得不拖着沉重的身体，一步步走上小禄的坡道。

穿过坡道上的隧道，诊所便近在咫尺。但我无法马上集中精力开始工作。于是，我走到高架桥下的广场，点了根烟，坐着发呆。

这时，同样徒步上班的新一听着广播，走了过来。

"早上好，咚锵。"他爽朗地打了声招呼，然后关切地问，"嘿，你看起来很累啊!"

"真累啊!"我回答道。

"周五了，"他露出了达比修有[2]般的俊美微笑，"再坚持一

---

1 美国天后级歌手、唱片制作人、演员。
2 日本籍伊朗裔著名棒球选手。

下吧。"

新一真的很坚强。昨天在"天龙"被灌下大量泡盛，但他好像丝毫未受影响。一到上班时间，他就开始默默工作。大先生离开后，各项工作都落在了新一的头上。尽管如此，他却没有一句怨言。在体育馆做完运动后，大家都累得不行，他仍能坚持跑步，锻炼身体。真是个坚强的家伙。

"新一，你一点也不累吗?"我问。

"当然会累啊，毕竟是周五。"他笑着说，"走吧，上班去吧。"

新一这么说了，我也只好挺起沉重的腰板，努力起身。走吧，上班去吧。

我们一起走到诊所时，接送车正好抵达。

下车的是刚满六十的裕次郎。裕次郎是个患有精神分裂症的月球人。虽然他的身体在地球上接受日间照护，但他的心灵却生活在月球。所以，裕次郎一下车，那霸市郊平凡的景象马上就会变成月球表面。

裕次郎摇头晃脑地走路，像只公鸡一样。每次他摇动头部，脸部表情都会跟着变化，有时像火男 [1]，有时张大嘴巴像头狮子，真是十分奇妙。

一大早，裕次郎就精神地踩着公鸡步往诊所入口走去。

---

1 日本的一种传统面具，形似中年男性，造型古怪滑稽。

"早上好，裕次郎。"我问好道。

裕次郎睁大眼睛，大声说："早——什么早！"月球世界出现了。

"我的天啊！"新一笑着说，"裕次郎在周五真有精神。"

互相给予小小的关怀照护：上午的事情

裕次郎走进日间照护病房，高喊道"早——什么早"，同时露出一百二十分的笑容向大家挥手。

"早上好，裕次郎！""哦！今天也很有精神呢！""早上好！"百合、玉木和医务助理女孩优花回应道。

"嘻嘻嘻，"裕次郎心情十分愉快，"所以，早——什么早！"说完，他在平日的位子坐下，然后仔细地拿起桌上的纸巾，展开、折叠，一如往常。我想，他在月球上应该就是负责这项工作吧。

不过，裕次郎今天的注意力不太集中。很快，月球工作疗法就中断了。裕次郎把纸巾撕得粉碎，扔在椅子周围。纸片飘舞着，像雪花一样。

"哎哟！裕次郎，"在厨房为大家泡茶的新一看到后说，"不可以哦，不能浪费纸。"

"今天在上学哦！不是挺好玩的！"裕次郎高声叫着，站起身来。

日间照护病房内响起了脚步声。裕次郎像公鸡一样在房间里来回转悠，开始和月球居民通话。他时而生气地叫喊"不要闹事"，时而嘻嘻笑着说"淘气"，时而热情洋溢地高歌《荒城之月》。

偶尔他也会回到现实，称赞"这个面包真好吃"，但很快又会嘻嘻笑着踩起公鸡步。

周五了，裕次郎也很累，所以他很快就离开了地球，回到月球。从地球到月球需要 1.3 光秒，但裕次郎的瞬间移动比这还快。可是，他的身体仍然留在地球，两者的落差让我们忍俊不禁。

裕次郎正式与月球居民展开搏斗。

"不准开玩笑！""你是个白痴！""不杀光你们！"他朝着天花板大声吼叫，似乎正和幻听中的某种东西争吵。这种时候，裕次郎就如一只恶鬼，眼球凸出，嘴巴大张，完全变了一个人。

当然，好管闲事的淳子看到后会立刻挺身而出。

"裕次郎，头上长角了哦。[1]"淳子似乎受到精神药物的影响，步履蹒跚，她摇摇晃晃地走到裕次郎身边，温柔地安慰正在大声怒吼的他，"不要生气，大家会吓一跳的。"

但是，裕次郎火冒三丈地吼道："是你在生气！"很明显，他把月球人和地球人混为一谈了。他的怒火完全转向淳子："混蛋！"

---

1 日本鬼怪的头上往往长角，此处暗指裕次郎变得像恶鬼一般。

淳子脸部微微抽动，往常两人会爆发一场激烈的争论，但今天的淳子极为克制。

"我没有生气哦，我很温柔的，"淳子从厨房取出纸巾递给裕次郎，"拿这个好好玩吧。"

"耶！"裕次郎立刻又回归地球。他十分高兴，一边哼着小曲，一边折叠、打开纸巾。他又回到了月球的工作之中。

淳子笑了笑说："真是好乖。"

这是日间照护病房中常见的景象。

是的，成员们互相关心。在这里，大家彼此给予小小的关怀照护。

日间照护病房乍看是一个毫无波澜的空间，没有动静、停滞不变。人们仿佛只是"待"在这里，仅此而已。

然而，在这里待得久了，逐渐适应之后，就会发现不一样的光景。如同森林，初看不过是一片宁静树木的集合体，但住久了就会发现它是由昆虫和小动物们共同构成的生态系统，小小的生物活动于其中。

因此，让我们用观鸟的眼光来仔细观察一下吧。在"岿然不动的日间照护病房"这一空间的细微之处，小小的照护存在其中。成员们小小的举动，就能关心和照护到他人。

比如，当关心裕次郎的淳子摇摇晃晃地走过来时，预感到"危险"的百合会马上帮她拉好椅子。百合因口渴而饮水过多时，玉木会提醒道："喝太多了，小心晕倒。"康夫会把可乐分给玉木。友香会帮忙整理康夫的衣服下摆。隆二会倾听友香的心事。

逐渐适应这里之后，就会发现其中充满了照护，众人交互轮替。

实际情况就是如此。成员们在日间照护中不只是接受照护，他们也互相照护。为了互相照护，他们来到了这里。进一步说，因为他们互相照护，所以才能"待"在这里。

这到底是怎么一回事呢？

社会心理学家瑞斯曼（Frank Riessman）提出了"助人疗法"理论。简而言之就是，帮助他人，即帮助自己。这在我们的日常生活中十分常见。例如，在地铁上给老人让座，做了好事后，比坐着更觉开心；以己之学，授之于人，己亦得也；请后辈吃饭，自己心情也会变好。这便是所谓的"双赢"。

通过帮助他人，我们收获的东西会比给予的东西更多。

充分利用这种机制的是自助小组。事实上，瑞斯曼正是以匿名戒酒会等自助小组为例，探讨了助人疗法的原理。在这种小组中，先康复的酒精依赖患者会帮助后来者。通过帮助他人，患者自己也能巩固康复。

为什么会出现这样的情况呢？

瑞斯曼做出如下说明。例如，通过教授别人，自己可以更好地理解问题；或者，通过帮助别人，可以进一步肯定自我；再者，通过支援他者，可以在集体中找到自己的位置，等等。

确实，人不仅是被他人照护的存在，也是照护他人的存在，如此就能"待"在某处。

然而，如果仅是如此，会让人觉得个体必须为集体而努力，类似于体育社团。但真的是这样吗？实际上，当淳子照顾裕次郎时，或者当友香帮忙整理康夫的衣服时，她们并不是"为了大家"做的，而是更接近于"不自觉地便这么做了"。

所以，究竟发生了什么呢？

再仔细观察一下，就会发现更不可思议的事情。

照护他人，也会受到照护。反之，被他人照护，也是在照护他人。老人接受让座，也给予了让座者满足感；差生聆听讲解，也教导了优等生。这是一种奇妙的反转。

接下来，让我们继续观察日间照护病房的日常。

收到润喉糖：下午的事情

互相照护不仅限于成员的世界。也就是说，成员们的照护不只面向成员，工作人员也被吸纳进来。当然，我也一样。

工作人员要照顾成员。为了照顾行动不便的玉木，我放慢脚步。和"室主"下棋时，我故意输给他。即使是一向冷淡的比嘉美沙，在裕次郎把纸巾撒得满地都是的时候，也会帮忙清理，搀扶步履蹒跚的淳子。

毋庸置疑，这是工作人员的职责，照护就是我们的工作。

但事实上，工作人员也受到成员们同等的照护，尤其是在周五。

"医生，脸色不太好呀，没事吧?"上午咨询结束后的午休时间，我正在日间照护病房里茫然地吃着午餐，淳子朝我走过来。

在日间照护病房的成员里，淳子属于低功能患者。一开始可能并非如此，但在适应了日间照护之后，她完全不再掩饰。她走路摇晃不定，难以安坐，总是来回踱步，平时一副恍恍惚惚的样子，沟通能力也不太好。我想她可能出现了轻微的智力障碍。总之，淳子是一个十分弱小的存在，需要他人的照护。

但与此同时，她也乐于照护他人。就像我之前介绍过的，在最初无法"待"在日间照护病房的时间里，她四处给大家打下手。现在她适应了这里，喜欢照护他人的品质没有改变。看到有人遇到困难，她绝不会置之不理、坐视不管。她可能是为了帮助别人，也可能单纯是因为"待"不住，我认为两者兼而有之。她主动跟人交流，到处打转。不仅是成员，工作人员也是淳子照护的对象。

所以，每当我稍显疲态时，马上就会被淳子发现。

"没事吧? 你看起来有点累呀。"

"有点累。"我答道，确实很累。但是，淳子的担心让我有点不自在，出于心理医生的坏习惯，我反问了一个问题："淳子你不累吗?"

"我也累，毕竟是周五。"她说着，从口袋里拿出一颗润喉糖。

其实我喉咙并不痛，但还是收下了。从成员那里分到东西的微妙感，让我有一瞬间的犹豫，但最终还是收下了。

"给你，吃了会有精神的。"

"谢谢。"我撕开袋子，把糖塞进嘴里尝了尝。其实我根本没尝到甜味，但还是说了声："真好吃。"

淳子开心地面露笑容，认真地说："还有很多呢，要的话说一声哦。"她自己走路都摇摇晃晃，却一脸担心地凑过来盯着我："要我给你揉揉肩吗？"

我当然果断拒绝："没事的，谢谢。"

"是吗？要保重哦。"

我感觉自己像是个老头子。

在日间照护病房中，我得到了大家的照护。像观察森林一样凝视这里的日常时，我发现自己一直备受照护。

淳子担心我的身体状况，分享润喉糖给我。打羽毛球失误时，搭档隆二会帮我补救，然后鼓励我："东畑，没关系的。"在唱卡拉 OK 时，如果要合唱，歌姬百合会主动带着音痴的我。康夫捡到烟蒂也会递给我。

我感激地接受大家给予的一切照护……不，这是谎话。大多数时候我觉得这些好意令人困扰，但我仍会接受。接受照护也是一种工作。

事实上，如果我们得不到成员们的照护，照护工作很难顺利开展。

午休去打棒球时，必须搬运很重的保冷箱，一个人难以搬动，玉木就会来帮我。做饭时，如果友香不帮我切菜，我很难完成。主持卡拉 OK 大赛时，成员们听到我说的冷笑话，配合着哈哈大笑，若非如此，绝对会冷场。

因此，我并非在讲场面话，若是没有成员们的帮助和照护，我们难以顺利完成日间照护工作，一天都做不到。正因为有成员们的协助，日间照护病房才得以运转。每天上班后，工作人员从早到晚的工作就是接受照护。

刚开始在日间照护病房工作时，最困扰我的便是这一点。我自认为"我可是治疗者，所以我必须做些什么！"，但实际上我真正的工作是接受"他人的协助"。因此，卸下"我是专家！"的面具，诚心接受成员们的好意，将自己托付于他人，才能在这里成为一个合格的工作人员。

仔细一想，家里是这样，职场也是这样。不试图做所有的事情，接受别人的帮助，才能泰然自若地"待"下去。"待"着意味着习惯接受他人的照护。

从思考回归现实，抬头一看，淳子正在给高江洌部长按摩肩膀，而部长昏昏欲睡。淳子与我不经意对视，她微微笑着，用手轻拍部长的光头。一旁的友香开心地用唇语说道："光溜溜，光溜溜。"这场景似曾相识，我不禁笑了起来，不就是儿孙满堂的老爷爷过年时的样子么。看样子，一旦职位晋升，受到照护的方式也变得高级了。

受伤的治疗者

接受照护，就是照护别人，日间照护工作真是奇妙啊。

在这个世界上，工作通常是收取费用，再提供商品或服务。我支付 108 日元，从便利店店员那里购买 "Mintia" 薄荷糖。你支付 2 160 日元，在书店购买本书。

支付费用，购入商品或服务；一方获取金钱，一方获得商品或服务。即便不读马克思的《资本论》，我们也知道自己生存的世界正是建立在这种"交换"原理之上的。

但是，日间照护与之不同。在日间照护病房中，从成员流向工作人员的不只有金钱，还有照护。成员们不仅支付费用，而且提供照护。这不是很奇怪吗？

好比在麦当劳，员工绝对不会请顾客帮忙包装薯条；客户教授银行行员赚钱的方法，也十分可疑。付钱的一方照护收钱的一方，令人难以理解。但是，宗教领袖、夜总会牛郎、明星偶像，不正是如此吗？

没错，宗教领袖、夜总会牛郎、明星偶像，以及日间照护病房的工作人员，都是通过接受对方的照护进而为对方提供心理照护。用心交流，触碰心灵，为他人的内心添彩增辉的工作，都会产生通过接受照护来提供照护的奇特效果。这同服务与货币等价交换的基本常识大为不同。

为什么会发生这种事呢？照护和被照护到底是如何产生联系的呢？

荣格心理学中的"受伤的治疗者"可以回应这一问题。实际上，在治疗中，照护者和被照护者经常相互反转。因为治疗发生于专属两人的密闭空间，所以我们能用显微镜般的视角，仔细观察两者的碰撞，窥见创伤和疗愈相互反转。荣格学派的心理治疗专家塞缪尔斯（Andrew Samuels）的著作中有如下图示：

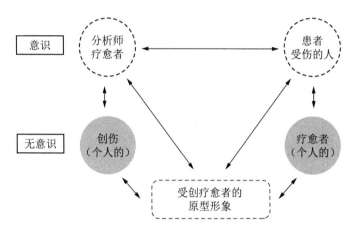

"意识"一行的左边为治疗者（分析师、疗愈者），右边为患者（受伤的人）。旁人看来，治疗就是如此：有治愈伤害的人，即治疗者；也有受伤的人，即患者。这是一般常识。

但是，当治疗深入之后，两者的内心会不自觉地发生反转。治疗者的创伤被触发，患者的疗愈力被激活。旁人完全看不出治疗者和患者的内心深处正在发生反转。

例如，触及患者的创伤时，治疗者自己经历过的伤痛会随之浮现；患者的脆弱会唤起治疗者内心同样的脆弱。更直接地说，患者的愤怒有时会伤害治疗者。在治疗过程中，治疗者在我们看不见的地方承受着伤害。

反之亦然。随着治疗的深入，患者开始关心治疗者。他们担心治疗者的身体状况，并告诉治疗者一些有所助益的信息，甚至送治疗者礼物。在这种情况下，患者内在的疗愈力便开始发挥作用。

因此，治疗者的创伤受到患者的疗愈力的照护。如图所示，"意识"层面治疗者和患者的关系，在"无意识"层面发生反转。

疗愈伤害的人受到伤害，曾受伤害的人疗愈伤害；疗愈他人也被他人疗愈，被他人疗愈也疗愈他人。治疗过程中交织混杂着各种反转。但我们清楚，受伤与疗愈并非各自分离，而是一体两面、不可分割。治疗者和患者内心活动的结合体，就被称为"受伤的治疗者"。

导致这种复杂联结的是被称为"投射"的心理机制，即将自己内心的状态投射到外界的某个人身上。比如，我们非常讨厌的人恰恰体现了自己身上讨厌的一面，所谓投射，就是在别人身上看到自己的内心。

荣格学派心理专家古根比尔-克雷格（Adolf Guggenbühl-Craig）对"受伤的治疗者"中的复杂投射做了如下论述：

当一个人生病时，就会建立起"治疗者—患者"原型，病人会寻求自身以外的治疗者。同时，患者自身内在的治疗者也被激活。我们常常将隐匿在患者内心深处的治疗者称为"治疗的要因"，这是患者内部的医生，与外部医生一样，拥有治愈疾病的能力。治疗的要因是我们内部的医生，除非这个内在的治疗者开始发挥作用，否则无法治愈伤痛和疾病。[1]

如上所述，患者会将自己的疗愈力投射到治疗者身上，通过被对方疗愈来疗愈自己；或者治疗者会将创伤投射到患者身上，通过疗愈对方来疗愈自己。当然，反之亦然。患者会将创伤投射出去，发现治疗者的创伤，通过疗愈对方来疗愈自己；或者，治疗者也会将自己的疗愈力投射于患者，让对方在疗愈过程中展现出疗愈力，进而疗愈自己的创伤。

这听起来繁复杂糅、难以理清，但创伤和疗愈确实混合在一起。

通过照护他人，进而接受他人的照护；通过接受他人的照护，进而照护他人。"受伤的治疗者"理论认为这些都能通过复杂的投射达成。

其实，这种事情司空见惯。看看以医生为主人公的电影或

1　出自 *Power in the Helping Professions*，此处引自日译版《心理治療の光と影》，第28 页。——原注

电视剧就知道了。大多数情况下，主人公都身负创伤，他们通过治疗患者来治愈自己。

比如，电影《心灵点滴》中的原型帕奇·亚当斯，他是一名身穿小丑服，用实践证明逗笑疗法科学性的精神科医生。他原来也是一个试图轻生的抑郁症患者，在入住精神病院时，不经意逗笑了其他患者，鼓舞了他们，这成为他治愈自己的重要契机。出院后，他重新报考医学专业，成了一名精神科医生，继续逗笑，治愈患者，进而不断治愈自己。

再比如手冢治虫的漫画《怪医黑杰克》。主人公黑杰克在幼年时被炸弹炸得四分五裂，一位名医缝合了他的身体，拯救了他。长大后，成为天才外科医生的黑杰克通过开刀、缝合，拯救了不同的患者。

这些都是投射的成功案例。帕奇从眼前的患者身上看到了曾经患有抑郁症的自己，因为自己被笑声治愈，所以也通过笑声治愈患者。黑杰克医生也将自己内心的创伤投射于患者身上，看到了身受重伤、四分五裂的自己。他通过手术缝合伤口、治愈患者，就像自己过去被拯救那样，他也在拯救对方，同时让自己不断得到救赎。

不只是外科医生或者心理医生，社会上的许多治疗者都活在"受伤的治疗者"的故事之中。按摩师、萨满巫师、护士、社工甚至宗教领袖中，不乏身负此等经历的人。

即便是参加唱歌比赛的偶像，有时也会说："我曾经历过很多痛苦，现在我想给予身处相同境况的人拼搏的勇气！"此时，他们就化身为带有"受伤的治疗者"属性的偶像。

心灵真是奇妙的东西。通过投射，我成为你，你成为我。本打算主动地付出给予，却被动地接受回馈；本打算被动地接受帮助，却主动地伸出援手。主体的位置不断转换，主动和被动发生反转。

所以，在日间照护病房中，照护也是轮流交替的。照护，被照护……总结起来，便是如此。但真的是这样吗？

写到此处，我忽觉语塞。

于仅有两个人的密室之中进行治疗，有可能出现将两者紧密联系在一起的"受伤的治疗者"情况，但这在众人一起生活的日间照护病房中是否成立呢？

这里我们忽略了极为关键的一点，即日间照护病房是一个共同体。

不要急于得出结论，再仔细思考一下。让我们继续观察，直至漫长的周五结束。

内部笑话带来的欢乐：傍晚的事情

在日间照护病房中，接受照护是工作的一部分。通过被他人照护，我得以完成对成员们的照护。这一点我反复强调至此。

我在日间照护病房中受到照护。因此，工作使我愉快。我热爱工作！工作最棒！我迫不及待地想去工作！

当然，这不可能，完全不可能。事实上，每到周五我都疲惫不堪。

在日间照护病房中，接受照护不过是工作而已。大家一起搬运保冷箱，确实帮了我大忙，但并非所有的照护都是如此。从淳子那里拿了润喉糖，就让我感觉"沉重"。

为什么会这样呢？如上文所述，我接受的不只有润喉糖，还有来自对方的投射。在日间照护中，工作人员需要接受各种各样的投射。因为成员们内心的一部分投射在我们身上，所以在这里工作、接受照护，意味着成为某人内心的一部分。这种工作可以被称为情绪性劳动、照护性劳动或依赖性劳动，名字无关紧要，甚至可以被称为投射性劳动。总之，日间照护就是接受投射的工作。

归根结底，这是一种劳动，所以会很累。加上必须成为某人内心的一部分，我的内心自然感到疲惫。每到周五，我都尤为困倦，特别是这个周五。

即便如此，周五还是会结束的。没有永不结束的周五。

傍晚，我终于结束了当天最后的咨询。简短地记录后，一周的工作就此完成。我收好病历，稍稍整理一下咨询室，脱下白大褂。

随后我去到二楼的更衣室，换衣服，整理好私物，准备回家。

周五即将结束。

我的一周从日间照护病房开始，在日间照护病房结束（其间还穿插一些心理咨询工作），最后一定会回到这里。

回到成员们各自做着回家准备的一楼病房。

周五的末尾，我走下楼梯，那里已是月球。

"辛苦——什么辛苦！"裕次郎精神百倍地喊道。

日间照护病房一片混乱，大家都目瞪口呆地看着裕次郎。

裕次郎一边连呼"辛苦——什么辛苦"，一边像公鸡一样行走在月球表面。

"冷静点吧，裕次郎。"淳子说道，但裕次郎丝毫没有停下来的意思。

"一两日——什么一两日！"

淳子照例递过纸巾，但裕次郎却推开了她的手。

也许是因为疲劳到了极点，也许是因为周末的分别让人难受，裕次郎开始和月球居民争执不休。"迷恋，什么迷恋！""没有，什么都没有！""翻筋斗，没有翻筋斗！"

而后，裕次郎岔开双腿，气势十足地站立在日间照护病房中央，盯着天花板，高举双臂，像是等着什么。是不是月亮要掉下来了？

室内瞬间安静下来，一阵过后，裕次郎突然高声打起"嗨！嗨！嗨！嗨！"的拍子，然后拍掌唱歌，还跳起了类似"野球拳"[1]的舞蹈。

---

[1] 日本一种在三味线跟太鼓的伴奏下边跳边唱的猜拳游戏。

化身海鸥的裕次郎，

浑身湿透的裕次郎，

白帽子，白衬衫，白衣服，

波浪拍打，洗濯我衣，

——什么洗濯我衣！

日间照护病房中发出巨响，大家都笑了，就像见鬼一般，好似火山爆发。看到大家笑得前仰后合，裕次郎也嘻嘻嘻地笑了起来。他的笑声滑稽有趣，又引得大家不禁笑了起来。

"哎哟，裕次郎，你可太棒了。"连一直冷静的新一都捧腹大笑了起来。

"肚子好痛。"我也笑了，发自内心大笑，笑到肚子都痛了。裕次郎十分开心，像公鸡一样在日间照护病房中来回踱步，边唱边跳。

"没有——什么没有！就是有！"

尽管我觉得自己叙述得很生动了，但这种欢乐貌似很难传达给各位。

日间照护病房中充满笑声，但很难将其转述为文字。即便是口述或影像，也无法传达。这种欢乐只有待在这里的人才能明白。

因为这种欢乐是为了治愈而存在的，是裕次郎为了抚慰大家周五疲劳的身心而打造的。这完全是我们的内部专属笑话。

所以我们哈哈大笑并不是表演，而是发自内心大笑。工作后的疲惫感完全被抛向了月球。

虽然我说着"日间照护是工作，是投射性劳动"，事实也的确如此，但在日间照护病房，我们经常会受到直接的照护。无论我怎么坚持"治疗者和患者"或者自己是专业人士，实际上，日间照护病房是一个共同体。

这里是一个共同体，而且是极为纯粹的共同体。这里是一个为了"待"着而"待"着的地方，为了成为共同体而努力成为共同体的地方。

日间照护没有什么使命。我们不会开发新产品并加以营销，也不会传播改善世界的教义，更不会教育有前途的年轻人。虽然厚生劳动省[1]要求我们"帮助精神疾病患者恢复正常的社会生活机能，为不同患者制定相应的方案，进行团体治疗"，但是在居所型日间照护中，这一基本的康复训练理念经常受到挑战。

即便是江户时代的村落，也会有"子孙世代守护田地"这样的使命，但日间照护很难贯彻某种单一使命，只是为了"待"着而"待"着，就像没有演出、没有排练的学校话剧社社员放学后聚在一起打发时间一样。

因此，这里呈现出了纯粹的共同体形态。成员们是为了"待"着而"待"着，工作人员是为了成员们能够"待"着而

1　日本负责医疗卫生和社会保障的国家行政部门。

"待"着。我们为了"待"在同一个共同体中而紧密联系在一起；更准确地说，因为我们紧密联系在一起，所以才能"待"在这里。这里也是没有出口的同语反复。

照护便产生于此。请回忆一下，当裕次郎像海鸥一样高歌时，他并非有意识地主动想"照护大家"。淳子给我润喉糖，玉木帮我搬运保冷箱，友香帮康夫整理衣服下摆，也是自然而然产生的。因为眼前出现了需求，于是大家的身体不自觉地上前帮忙。

我在本章参照"助人疗法""受伤的治疗者"等理论，将"照护"和"被照护"，"照护他人"和"被他人照护"，"照护者"和"被照护者"分开，探讨了它们如何纠缠杂糅在一起。但我们在日间照护病房中看到的事情，实际上是在这之前发生的。换句话说，在个体的"主动"与"被动"行为之前，日间照护病房这个共同体中已经产生了某种需求，自然而然就产生了照护。其中的主体是共同体。

裕次郎的照护便是如此。周五大家十分劳累，我、康夫、百合、裕次郎都筋疲力尽，日间照护病房本身就疲惫不堪，每个人都感到身体沉重。因此，裕次郎在飞往月球时，顺道带上了我们。月球世界让我们大笑，身心的压力瞬间消失不见。

脚痛时，我们会用右手按压；背痒时，我们会用左手抓挠。此时，我们的右手和左手并非照护者，脚和背并非被照护者，而是超越了"主动"与"被动"，身体本身产生了照护行为。当伤口结痂时，血液中的血小板并非疗愈者，受伤的皮肤也并非被疗愈者。实际情况是我们的整个身体产生了疗愈功能。

日间照护病房亦是如此。裕次郎不是疗愈者，笑得合不拢嘴的我们也不是被疗愈者，而是疗愈自然而然发生了。

所谓成员，正是如此。"member"一词源自拉丁语"memberum"，意为"身体的一部分"或"手脚"，所以成员意味着共同体的一部分。单方面接受服务的人无法成为成员，这样的人被称为"用户"。成员是共同体的一分子，既是挠背的右手，也是被右手抓挠的背部。

裕次郎在病房中是最弱小的存在，若无大家帮助，他无法正常生活。但裕次郎也是最受欢迎的人，大家都喜欢他。因为裕次郎是这里的成员。他既是背部，又是右手，还是眼球。所以，每当日间照护病房这个共同体变得疲惫时，裕次郎就会带领大家进入月球的世界，照护便产生了。

这种情况有别于"主动态"和"被动态"，哲学家国分功一郎将之命名为"中动态"。

我们的日常生活建立在"施予"和"接受"、"主动"和"被动"的二元区分之上。班级会议就是一个显而易见的例子。"谁干的?""为什么这么做?"我们会被追责，以便老师确认原因。"是我，是我一个人的意思，我把午饭剩的酸奶都喝了，是我主动干的。"我们生活的世界需要厘清问题的原因，因而区分"主动"和"被动"是必要之事。

但是，国分功一郎打破了传统语法体系中的"主动态"和

"被动态"，明确提出了"中动态"的概念。

仔细一想，确实如此。有些动词无法用"主动态"或"被动态"加以解释。不是"施予"也不是"接受"，世上存在着这种不知不觉中产生的状态。例如，国分先生列举的"出生""死亡""坐着""忍耐""慌神"和"关心"等，这些行为均是超越个人意志，不知不觉发生的。毕竟，"从现在开始，我要死了""好吧，我现在要出生了"等表达是不合逻辑的，这些既不是"主动态"，也不是"被动态"。

对于"中动态"，国分功一郎做出了如下解释：

中动态表达的是主语成为主语的过程，主语位于过程内部。因此，动词作用于主语本身，当涉及主语利害关系的问题时，便会使用中动态。[1]

"主动态"作用于自身外部的事物。比如，"投球"就是我的力量正作用在棒球之上。我对某物施加动作，这便是"主动态"。然而，在"中动态"中，动作作用于自身内部。比如，"出生"产生作用的主体和承受作用的对象都是我自己。于内部产生，于内部作用，这便是"中动态"。

之前我运用"主动态"和"被动态"解析了"照护"和"被照护"，实际上应该使用"中动态"来加以描述。

---

1 国分功一郎：《中動態の世界》，第 92 页。——原注

日间照护病房产生了照护，照护也作用于日间照护病房。

筋疲力尽的日间照护病房笑声四起。这种笑话只有我们内部才能理解，因此仅作用于内部，无法对外部产生作用。日间照护病房大笑，照护产生。

没错，内部笑话十分重要。它产生于共同体内部，只对共同体内部产生作用。因此，内部笑话是"中动态"。一个好的共同体一定拥有内部笑话。每个人都能逗笑别人，每个人也都会为此大笑，而且完全不会波及外部，这就是内部笑话。

综上，成员是指知道内部笑话，也会被内部笑话逗笑的人。裕次郎显然是这里的成员。他是这里的老资格、知名人物，深受大家爱戴。我是这里的一名员工，但更重要的是我也是这里的一分子。我制造了很多内部笑话，同时也会为内部笑话而哈哈大笑。

周五大家笑声不断，为内部笑话而大笑。为了在周五的共同体内部催生出照护，这一天我们自己开始欢笑。因此，裕次郎迈着公鸡步伐兴奋起舞。

舞台背后疲惫不堪的中年人：回家的路上

如此这般，周五总算落下了帷幕。

到了回家时间，有人搭乘接送车，有人等候家人前来。成员们都迎来了自己的周末，裕次郎也坐上了接送车。

"多谢大家——没有关照！"在离开日间照护病房之前，他冲着这里鞠躬，然后挥手道别，"大家，再见！"

最后的最后，大家又被他逗笑了。

作为工作人员的我们同样迎来了自己的周末。

高江冽部长今天照旧去了"天龙"。他走向他能够以成员身份"待"着的共同体。在那里，高江冽部长接受照护，也提供照护。

我和新一今天没有收到邀请，便一起步行回家。我们在附近的超市购买了500毫升的"Orion"罐装啤酒，因为上次是新一请客，所以这次换我出钱。

"谢谢，"新一打开啤酒，"干杯。"

"辛苦了。"我与他碰杯，罐子发出一声轻响。劳累后喝啤酒真是棒极了。

我们喝着啤酒，穿过隧道，走下小禄的坡道，缓步前进。

"这周真是累啊！"新一少见地发起了牢骚。

"运动还不少。"这周因为锻炼太多，我全身肌肉酸痛不已。

"是啊，确实累。"

我们沉默了一会儿，一边喝着啤酒，一边走在回家的路上。夕阳柔和地笼罩着我们，啤酒闪烁着橙色的光辉，照护产生了。突然，新一开口道："咚锵，最近每到下午，我就感觉身体很重。"

"我看你经常在下午的时候跑步，是吧？"

"不知什么原因，感觉身体昏沉，所以想跑一跑。"

即便是新一，也感觉到累了。

这真的出乎意料，如此坚实、英俊、温柔、强韧的新一，突然显露出一副疲惫、受伤的中年人姿态。新一身上肯定发生了什么，我深感不妙。

一瞬间，我从夕阳和啤酒交织的快乐世界，被拉回包裹周身的痛苦现实。在这段时间里，我们真的失去了很多。

大先生离开日间照护病房后，很多人也都离开了。以前由大先生维系的某些东西消失不见了，日间照护病房的根基分崩离析。随着时间流逝，这种状况逐渐显露。

首先是总管范儿的女护士长惠子突然辞职，她的离开和大先生一样冲击巨大，毕竟她是女性员工中的核心人物。紧跟惠子之后，女护士们集体辞职了。

不仅是工作人员，成员中也有人离开。毫无疑问，日间照护病房中发生了许多变化，有些人无法再继续"待"在这里了。

"室主"就是如此，他渐渐不再来接受日间照护了。并非发生了什么事件，就是腐蚀在看不见的地方一点儿一点儿地发生。等我们意识到的时候，他已经转院了。就像香烟的烟雾逐渐消散一样，"室主"几乎在无人留意的情况下消失不见了。吸烟室已经没有主人了。我的心中出现了一个空空如也的大洞，深感落寞。

即便在这种情况下，新一也毫不泄气，勤勉地继续工作。他一人填补了大先生和惠子留下的空缺。新一想要重振日间照护病房。他对一切都得心应手，就像他以前一直负责似的。他很从容地就完成了所有工作，新的日常似乎正在逐渐成形。看着新一的工作状态，我深受鼓舞。"新一如此安之若素，一切肯定没问题。"我这样想着，坚持每天努力工作。

正因为如此，现在我才感到心痛。其实新一也累了，不是真的没事。

不只是新一，仔细一想，高江冽部长也是如此。他每天看似轻松愉快，但是那么频繁地去"天龙"，不正是因为感觉疲惫吗？

然后，我也一样。最近，我真的很累。不仅是因为运动过度或者投射性劳动，我的内心正在被某种东西侵蚀，我还佯装不见。对我而言，剩下的唯有疲劳之感。

邪恶的东西开始蔓延，而且无法阻止。但是，大家都选择视而不见。

我必须要换个话题，因为今天我实在不想思考这些。毕竟，现在是周五的傍晚。我想喝啤酒，想忘记不愉快的事情。

"今天笑得真开心啊。"我说着裕次郎的事情。

新一发出笑声："他真是个天才，我肚子现在还痛呢。"

照护产生了。疲惫的中年人变回了帅气男子。

"周五的裕次郎真是不得了，其实他应该也很累吧。"新一开心地说道。

"日间照护病房挺有趣的啊！"我真的是这么想的。

"是啊，最棒了。"

新一咕咚咕咚地干掉啤酒，我的还没喝完。因为临近冬日，啤酒罐有点冰凉。我们就这样朝着夕阳走下坡道。

无论如何，周五总算是结束了。

"辛苦了！好好休息，下周一见。"新一照护我到最后。

"辛苦了！下周见。"与新一告别后，我加快了回家的脚步。

夕阳西下。我们将在各自的共同体中度过周末，其中同样存在照护。

然后，周一转瞬即至。

周一的离别通知

周一的早晨，我的疲惫之感稍有缓解，刚到诊所就被高江洌部长拦住。他说了句"有个事要告诉你"，然后将我带到值班室。吊儿郎当的部长当天表情极为严肃。他关上门，小声地说：

"刚刚接到电话，裕次郎在周六去世了。"

裕次郎去世了，并非自杀。他走得很突然，谁也没料到。

早晨的会议中，高江洌部长向大家宣布了这一噩耗。淳子立即情绪失控哭了起来，康夫呆愣在一旁，玉木默默地双手合十。每个人反应迥异，但是大家都准确无误地收到了裕次郎去世的消息。

会议结束后，我们一边回忆着裕次郎，一边为他默哀。有人关掉了有线音乐，日间照护病房中鸦雀无声。片刻之间，大家闭上眼睛，每个人都在追忆裕次郎。

离别在日间照护病房并不稀奇。新成员因无法融入而离开十分常见，老成员也会由于情绪失控而无法继续接受日间照护，要么住院，要么去其他机构。工作人员也会不断流动。

因此，员工和成员早就习惯了有人离开。我们只是在生命的某个阶段同船而坐，大家常常抱着这样的心态。

因此，每当有人离开时，我们偶尔会问"他还好吗"，但很快就可以适应新的日常。离开的人会在其他共同体中接受照护、提供照护，而我们则依托于自己的共同体，处在新的日常之中，努力地活着。

但是，成员去世不一样。这直接冲击日间照护。像裕次郎这样的老成员去世，会给整个共同体带来深深的伤痛。即便这一冲击会被时间消解、慢慢平息，我们还是会一直谈起他。

不经意间，日间照护病房中的大家就会想起裕次郎。每当拿起纸巾，就会有人说："裕次郎总是把纸巾弄得乱七八糟。"于是，大家开始谈论裕次郎，不认识裕次郎的新成员和新员工总是带着一副好奇的表情侧耳倾听。

这真的很不可思议。

对于离开的人，我们鲜少提起；但对于去世的人，大家常挂嘴边，他的过往留存于日间照护病房之中。

这是因为裕次郎去世后还是这里的成员，还是我们这个共同体中的一分子。与离开后加入其他共同体的成员不同，裕次郎去世时是这里的成员，所以始终会是这里的成员。

我们记得裕次郎，不断地想起他。大多数的回忆都是裕次郎逗笑我们的场景，大家一定忘不了过去受到裕次郎照护的时光。

进一步说，每次忆起裕次郎，我们就会继续接受他给予的心灵的照护，还有月球的礼物。因为和他一起度过的回忆中，保留了太多珍贵的眷恋与不舍。

不仅如此，每次忆起裕次郎，也是在持续照护着他。回忆是一种"关心"，用英语来说就是"care about"。是的，我们仍在"care about 裕次郎"。

我们一直记着裕次郎，自然照护就不会消失。我现在一边回忆着他，一边写下这些文字，也是如此。

一想起迈着公鸡步的裕次郎，我们又情不自禁地笑出声来。
而回忆中的裕次郎也嘻嘻嘻地笑着。

两人的离职方式

最轻描淡写的尾声

那是一个夏天的早晨。看起来没有尽头的夏天，已经接近尾声。在冲绳，每年我都觉得夏天会吞噬秋天和冬天，一直持续下去，但夏天终究会结束。忽地吹来一阵略低于体温的凉风，坚实的夏天便成了碎片，渐行渐远。故事刚好发生在这一时节的晨会上。

"大家好～，我们来做广播体操啦～"

和往常一样，高江洌部长一声高呼，比嘉美沙马上切换有线音乐频道，第一套广播体操的音乐响起。自从在日间照护病房工作以来，这一奇怪的体操我已经重复了近千次，今天依然如此。即便我将来患上阿尔茨海默病，一旦这首曲子响起，我肯定会不自觉地扭动身体。

广播体操结束后，依照惯例，某位成员会担任主持说明一天的活动。上午的活动是伸展操，午餐是部长拿手的"全家福炒面"，也就是豆腐蔬菜炒挂面，下午的活动是打乒乓球。一切一如既往，毫无变化。

成员介绍完活动后，将位置让给高江洌部长，由他宣布之后的计划和注意事项，比如马上要举办卡拉 OK 比赛，请自行决定演唱曲目；下周开始降温，请每个人另外带一件可以披在

215

身上的衣服，等等。部长刚一讲完，友香立即打趣道："高江洌部长，您也最好戴顶帽子吧！"她一边笑着，一边继续说："头顶看起来好冷啊，好可怜哦。"

日间照护病房中立刻笑声四起。高江洌部长也笑着确认似的摸了摸自己的脑袋："咦，哪去了，落哪儿了？大家如果找到的话，一定记得还给我。"

这时，友香从地板上捡起一根卷曲的头发递给了部长："您掉落的物品在这儿。"

"对对，找到了找到了。太好了，你还捡起来给我，太感谢了。"部长接过那根头发，放到他光溜溜的头上，"咦，这不是我的！"

接着，他吐了吐舌头打趣道："搞什么嘛！你这个人！"

这是会议中的保留段子。季节看似更替了，但其实只是重复去年的季节，日间照护病房毫无变化。正如相同的内部段子每次都能逗乐大家，日间照护病房的日常总在循环往复。

当所有事宜都传达完毕后，就要开始上午的活动了。今天是做伸展操。但是，高江洌部长突然又补充道："还有，今天我有件事要告诉大家。"

他面带微笑，用轻松的语气宣布："今天过后我就要离开了，谢谢大家长期以来的关照。"然后，他微微鞠躬，又露出笑容："好了，我们开始做操吧。"

高江冽部长试图让早上的活动正常进行。康夫呆呆地站了起来准备做操，但是大多数成员万分惊讶，愣在原地一动不动。这突如其来的消息让大家不知所措。

此时，友香提高了分贝喊道："咦？部长要辞职吗？开玩笑的吧？"

日间照护病房里回荡着近乎尖叫的声音，气氛紧张起来。部长的表情瞬间黯淡了，变得严肃。

"我不会用这种事开玩笑。"部长目不转睛地看着友香，"是真的，今天就是最后一天。"

"突然说这些，我们都吓到了，早点说不好吗？"友香埋怨道。

"是啊，吓了大家一跳吧！但是我觉得这样做是最好的方式。"

高江冽部长没有过多解释，友香无言以对。

"好了，我们开始吧。"部长说着做起伸展操，成员也跟着零零星星站起来。伴随着含糊的"一二三四"，大家转动手腕、伸展脚筋。

"一二三四。"

直到离职当日，高江冽部长才跟成员说起这件事情。那日早晨，他干脆利落地宣布告别，像往常一样度过了一天。

他照常去了当地的超市购物，照常烹饪他拿手的"全家福炒面"。午休时，他在日间照护病房里小憩，照常过着重复了千次的日子。

高江冽部长一如既往地"待"着。他想借着这样的方式，不让成员们感觉到分离的悲伤，轻描淡写地走向职业生涯的尾声，极力削减告别之苦。为了那些难以面对分别的成员，部长采取了这种方式。

然而，即便再轻描淡写，还是有成员敏锐地意识到这无疑就是分离，前来告别，友香也是其中之一。午休时，她拍了拍正在打瞌睡的高江冽部长的肩膀，说道：

"部长，一直以来，非常感谢。"

"啊！吓了我一跳！"部长忽地从座位上跳了起来。然后，他面带微笑地说："不，我才要说谢谢，保重身体哦。"

"部长，接下来要做什么？"友香问，"会在其他地方继续干日间照护吗？我考虑考虑要不要转过去。"

"俺已经老了，要去耕田了。"他开玩笑地说，"你也该开始干点什么了，让妈妈安心，你还年轻呢。"

"是啊。"友香含着泪笑了笑，她压抑着落寞之情，勉强挤出笑容，"真的谢谢，部长。"

但是，下午马上就出现了状况。友香频繁去厕所，说是吐了。她脸色苍白，看起来非常难受。友香给母亲打电话，叫她来接自己。

最后，她提早回家了。和高江冽部长的分别，让她难以

"待"在这里。

"部长，对不起。我感觉身体不太舒服。请保重，期待以后再见。"

友香皱着眉头，痛苦地说。

"哦，没事的，保重身体呀！"高江洌部长回道。

友香离开了。在高江洌部长离开之前，她自己先离开了。我们集体目送她离去的身影。

"虽然平时看不出来，他们真的十分脆弱呀。"高江洌部长注视着跟随母亲离开的友香，突然说道，"所以，我们做事一定要顾及他们的心情。"

精神护理长老如风般离开了日间照护病房

高江洌部长突然决定辞职。

其中有诸般原因，但并非发生了什么决定性的事件。压垮骆驼的最后一根稻草确实存在，不过以前也发生过好几次类似的事情，所以绝非什么特殊情况。他的离开其实是一个复杂的综合性问题。

我们本质上是厌恶变化的生物，即使不喜、痛苦，也会持续忍受。忍受难以忍受之事，容忍难以容忍之事，人类就是这样。就像一滴一滴的水会静悄悄地蓄积于杯中，就算杯子满了，表面张力也会发挥作用，让杯子容纳超过限度的水量。

但是，在某个时候，当最后的一滴水掉进杯子，水便会溢出，倾泻而下。这时，我们会突然意识到"再也忍不下去了"，于是辞职、休学或离婚，人们的离开大抵如此。当最后的一滴水掉下时，高江洌部长决定离职。

决定是迅速的。按照《劳动基准法》，他在离职前一个月提出了辞职。他还有积攒的年假，实际上两周内就能离开。在那个早上之前，他一直没有将自己要离开的消息告诉成员。

上文中多次提及，离别在日间照护病房是平常之事。有成员把日间照护病房称为"学校"，两者确实有一些相似之处。许多人的日常生活于此交汇，有相遇，有熟知，自然也有分别。但是，与学校不同，日间照护病房中的分别往往不那么容易被察觉。

在学校，分别总是被仪式化。学生转学有告别会，老师离任有欢送会，更典型的就是毕业典礼。如此一来，分别是可见的，大家能够细细体味，记忆留于脑海，成为内心食粮。至少，学校拥有面对离别的机制。

但在日间照护病房中，分别往往悄无声息。成员有一天突然不再过来，或者逐渐减少报到次数，直至转院。大家不用体味分别，看不见更好。有成员好转回到社会工作时，大家不会特意举办送别会，这样对方随时都可以回来。大多数成员不会完全离开这里，他们偶尔还会露面，保持联系。即便非要切断这种联系，大家也会采取较为温和的方式，甚至隐匿起来。

为什么在日间照护病房中，看不见分别？

因为分别令人痛苦。

分别让人落寞。事情告一段落后，有时会让人松一口气，感觉爽快，但同时会让人落寞。分别会切断一切看似理所当然的联系。人们会失落，感觉一直以来极为珍惜的事物被夺走了。所以，分别是痛苦的，真的十分痛苦。正因如此，它会强烈触动人的内心。

为什么学校如此坚持要将分别仪式化？其实就是为了缓和内心遭受的强烈冲击。貌似无聊而冗长的校长讲话是仪式的一部分，正因如此，内心受到的冲击得以平息。

葬礼也是如此。像"羯谛羯谛"这样不易理解的咒语，正因难懂，才能守护人心。如果高僧总是名言不断，触人心扉，每每听到的我们将无法平静。

然而，即使是这样仪式化的分别，还是有人难以接受，比如内心脆弱之人。因此，在日间照护病房中，分别往往是不可见的。分别会对成员的日常生活造成巨大的冲击，就像友香的反应一样。

从事精神护理工作四十年之久的高江洌部长深知这一点。他明白精神分裂症患者的内心十分脆弱。因此，他在告别前对自己的事情只字不提。宣布离职之后，他马上离去，消失不见。

目睹某人离开或看到背叛之人最为痛苦。这便是爱恨交织，在心理学中被称为"矛盾心理"（ambivalence），即对眼前之人产生了正反两面的感情。非常重要的人离开时，情感会变得复杂。我们对高江洌部长既爱又恨，既恨又爱，情绪纠葛不休，心灵似被割裂。这种情感的震动会破坏日常生活。如果内心本就脆弱，更是一发不可收拾。

这种情况下，尽管看起来不近人情，最好还是保持距离，远走至对方无法看见、无法触及之地，强烈的情绪至少能得到缓冲。

现实是内心的养分，若与现实隔离，心灵会失去依托，逐渐萎缩或者膨胀。因此，为了保持内心健康，与现实接触非常重要。然而，现实有时会提供过量的养分，人们无法消化，就会出现肠胃不适。这种情况下，远离一下现实更好。

心理咨询领域通常将此方法称为"关上黑匣子"。提及心理咨询，人们通常认为就是打开心灵的黑匣子，仔细审视其中的东西。其实并非全然如此。有的患者会因为打开黑匣子而感到不适，所以为了守护对方的日常生活，我们会轻轻地关上黑匣子，告知"现在我们先不考虑这个""这个事我们先放一放吧"，或者刻意回避某些特定话题。

《古事记》中伊邪那岐和伊邪那美的神话，正是一个"关上黑匣子"的故事。

在生下火神迦具土时，母神伊邪那美的阴道被严重烧伤，以致身死。父神伊邪那岐追赶亡魂直至黄泉之国。是的，伊邪那岐打开了黑匣子，见到了伤重而死的伊邪那美。伊邪那岐劝说伊邪那美跟他一起回到原来的世界，伊邪那美欣然同意，但提出一个条件："回去的路上，不许回头看我。"伊邪那岐点头答应。

但是，故事中提及"不要看"，一定有人会看。就像契诃夫所言，如果故事中出现一把枪，它就一定会响；同样，如果出现"不要看"的桥段，就一定会有人看，否则，故事无法继续。精神分析家北山修将这种禁止偷看的行为称为"禁止不看"，因为禁令就是为了被打破而存在的。

因此，伊邪那岐看了。他打开了黑匣子，看到了腐烂、丑陋的伊邪那美。

"我受到了羞辱！"

伊邪那美感到受伤，尖叫起来。她因为自己不堪的模样被看到而受伤，因为自己被背叛而受伤，于是怒火中烧。人真正生气往往是在受到伤害的时候。此时，人们会不自觉地想要摧毁一切，摧毁所爱的人，也摧毁自己。

面对这种情况，伊邪那岐逃走了，慌忙离去。这绝不是件轻松的事，他不顾一切逃亡，耗尽了全身力气。这种神话中的逃亡被称为"魔法逃亡"。总之，他奔上陡坡，逃离了黄泉之国。等回到人间之后，他还用一块巨大的岩石封住了黄泉与人间的通道，关上了黑匣子。

隔着巨石，伊邪那岐和伊邪那美才得以沟通。间隔的距离让伊邪那美燃烧的怒火不致失控。实际上，我认为伊邪那美仍然备受伤害，恨不得杀了伊邪那岐，但她暂时放下了。也许，日后她会庆幸当时没杀了他。

这个故事说明了分别的艰难，也印证了有时打开黑匣子并非明智之举，而关上黑匣子不失为暂时的解决之法。

部长同样关上了黑匣子，如伊邪那岐一般逃离了。不过，他有四十年精神护理的经验和技术，逃离方式比伊邪那岐巧妙得多。为了不让大家感受到分别之苦，在情绪出现之前，他早已离开。如同头顶一声不吭就掉落的头发，不知不觉就消失的心爱发丝，精神护理的长老如风一般离开了日间照护病房。

部长将自己职业生涯的尾声轻描淡写到了这般光景。他淡化了最后一天的悲凉落寞，尽量将之隐藏，以免成员们受到伤害。当然，我认为他也是为了不让自己受伤。这是一个经历过艰苦工作的老手所获得的智慧。我们的工作确实有这样的一面。

然而，即便再轻描淡写，分别仍然是不争的事实。高江洌部长不会再"待"在这里了，这点难以改变。不过，多亏了高江洌部长最后的照顾，大多数成员可以对分别视而不见。

但是，友香无法承受。我觉得这是因为她没有封闭自己的内心。虽然友香被诊断为精神分裂症，但与其他成员相比，她内心的绝大部分领域没有损伤，仍然健全。即便高江洌部长最大程度弱化了自己的离开，友香仍然对此反应强烈，感到寂寞空虚。活着的心灵能够感知别离、体会疼痛，自然会难受不已。

分别会动摇人的内心。看似安定的心灵会因分别而变得混乱。事实上，友香恢复稳定，再度回到日间照护病房花了很长一段时间。只有时间才能治愈分别的痛苦。

在高江洌部长尝试以神话般的方式逃离此地的当晚，我们在常去的廉价居酒屋"Lupin"为他举办了送别会。

新一、比嘉美沙及留在日间照护病房的工作人员全都来欢送部长。

高江洌部长用食指来回搅拌掺了水的知名泡盛"琉球王朝"，将一次性筷子的纸袋贴在锃亮的脑门上。我们仍然像往常一样开着内部玩笑。

然而，送别会终究是送别会。这是一个分别的仪式。我们感到寂寞，为分别而痛苦。尽管知道可能还会再见，但也许就是永别。最重要的是，下周开始，部长不会再来日间照护病房了，也不会参与卡拉OK比赛了。

散场后，我和部长一起在停车场等候代驾。夜风很冷，我们坐在部长心爱的"Freed"车里。车内的空气里混合着芳香剂味、酒味及高江洌部长的体味。酩酊大醉的部长眼神呆滞地嘟囔道："咚锵，抱歉啊。"

"嗯。"

"我再也待不下去了。"

"我知道，"我深知此事，所以回道，"部长，辛苦了，承蒙您长期以来的关照。"

留下的我们十分落寞，但还有力气好好办一场告别仪式。

日间照护病房毫无变化

日间照护病房真不可思议。部长离开后，这里依然毫无变化。大家每天照常做着广播体操，照常吃饭，照常进行排球、兜风等活动，一切都没有改变。即使失去了支柱，成员们仍然过着毫无变化的生活。过了一段时间，友香也重新回归了。

我以为高江洌部长是一个假装什么都不做，实际上在做着什么的人物，但他可能真的什么都没做。或许，他只是一个空心的支柱？不，或许最初就没有高江洌部长这个人？这样的疑虑不禁涌上我的心头。话说回来，高江洌部长的离职确实没有带来太大影响，真是神奇。

日间照护病房的人员会发生变动，但这里的架构却不会。我驾驶着部长的面包车，医务助理女孩们烹饪着部长的"全家福炒面"，新一承担着部长的"日间照护重任"。日间照护病房平稳地重新开启了循环往复的日常。

我开始觉得，只要具备基本架构，日间照护病房就可以继续运转。只要有地方，只要有人，只要有照护，就足够了。只要有人接替离去之人的角色，就能维系架构。

日间照护病房中，架构就是根本。如果每周五次的日间照护减为四次，早上集合的时间提前或延后两小时，会对成员们产生巨大影响（要是采取夏令时，他们更会失去秩序）。稳定的架构才能支撑每一个成员。

因此，如果工作人员离职，必须确保有人接替相应的角色，这十分重要。就像新一代替大先生担任了击球手，代替之人必须马上填补空缺，以免架构遭到破坏，如此日间照护病房就能风平浪静。如同一开始就不存在高江洌部长，这里的一切自然而然地回归了日常。日间照护病房的架构依然稳定。高江洌部长消解分别的方式，守护了这里。

我们又重回日常生活。确实，要做的事情增加了。新一忙于处理各种业务，医务助理女孩们则分担了护士的部分工作，大家忙碌不已。我"待"在日间照护病房的时间也变多了。

但是，日间照护病房带有某种魔法。虽不知是诅咒还是祝福，只要"待"在这里，就会自然而然地习惯一切。无论发生多么离谱的事情，不和谐的感觉很快就会消失，变成司空见惯的日常。因此，我们很快就习惯了新的状态，习惯了新的工作。即使存在一些问题，大家还是遵照惯性，一如既往地循环往复。

一切仿佛会一直持续下去。我们重复度过每日，时间转瞬即逝；日月如梭，循环往复。

我早上开晨会，上午接咨询，午休打棒球，周二和周三的下午做运动，其他日子还是接咨询，一有空闲就待在日间照护病房。我第一千次倾听康夫年轻时的故事，也第一千次吐槽了他的经历。晚上，我和新一边喝着啤酒，一边步行回家。睡醒后，我重又迎来清晨，再开晨会、接咨询，第一千零一次倾听康夫年轻时的故事，第一千零一次吐槽他的经历，午休打棒球，下午接咨询。之后，我正准备去日间照护病房听康夫第一千零二次说起自己年轻时的故事时，发现新一在值班室里目不转睛地盯着笔记本电脑。

"嘿，咚锵，你猜我现在在做什么？"新一喊住我。

"不知道。发生了什么有趣的事吗？"

"看这儿，这里。"新一将笔记本电脑的屏幕转向我，笑了起来。

"我在找新工作啊。"

我突然语塞，屏幕上确实显示着"招聘护士，各项津贴"的信息。

"真的吗？"

"嗯，真的。"新一有点难过地说道。

肯定是真的，我明白。新一常开玩笑，但从不撒谎。他是一个坚韧而有耐心的人，只会讲确定之事。他从不发牢骚，也从不谈论没有把握、未成定局的事情。新一说他正在找新工作，肯定是真的。

最后一滴水掉下，水从杯子里溢出。新一一个人扛起了日间照护病房的重任，我不想再给他增加负担，因此极力忍住已到嘴边的话。我把浮现在心头的所有言语全部压了下去，只说了句："辛苦了。"

"对不起。"

"不用对不起。"

我真的是这样认为的。不用对不起。每个人都有自己的人生，如果水溢出了杯子，那么就无法再"待"着了。这点大家都一样，只是时机问题。我也可能是先离开的那个。更重要的是，一直以来我都承蒙新一的照顾，所以他完全不用向我道歉。于是，我再次对他说："新一，辛苦了，真的非常感谢。"

一败涂地

高江冽部长辞职是在那年的夏末秋初，新一决定辞职则是在那年的秋末。

但是，新一的离职方式与高江冽部长不同。他并不想像伊邪那岐那样逃离此地，而是打算坚定地面对现实。他也不想关上黑匣子，而是选择正视分别的痛苦。他要隆重地为自己的工作画上句号。

新一的离职定为两个月后，但他很早就将这个消息告诉了成员们。两个月，新一决定在此期间与大家好好道别。

我和新一年龄相仿，住得也近，所以常常一起喝酒、聊天。尤其是在秃头、胖子、瘦子、矮子四人组只剩下瘦子和矮子之后，我们相约喝酒的次数更多了。也许，我们俩都感到寂寞吧。凉风吹过廉价居酒屋"Lupin"的室外座位，我们只点了碟盐腌黄瓜，喝着像是兑了水的啤酒。

新一热爱机车，而我热爱后现代哲学，所以谈论的话题自然而然聚焦在精神医疗方面（有时还会说说甲子园冲绳代表队）。我们分享临床经验，热烈地探讨疾病、健康、治疗等问题。新一是精神护理人员，而我是临床心理学博士，由于专业背景的差异，我们会有分歧。但是，因为我们聊得太多，各种差异也不那么清晰了，最后两人的观点混合在一起，生成了一种独特的看法（跨领域照护和团队医疗，不正是这样吗？）。

我们总会得出相同的结论。

"别着急，先看看情况。"

不要焦虑，不要着急，保持日常交流，仔细观察发生了什么，持续关注和探讨。总的来说，我们的结论就是这样的。人的内心是非常神奇的东西，会发生什么难以预测。但我们的工作就是面对难测的内心。

因此，当新一决定贯彻自己的离职方式时，我能够理解他的想法。与高江洌部长相比，我们对自己的治疗水平更有信心。我们不仅想维系这里循环往复的日常，还希望在其中添加一些调味剂，哪怕就一点儿。

"在我离开之前，我想做些事情。"新一一边喝着啤酒，一边说道，"一些成员一直'待'在这儿确实也挺好，但有的成员其实还有能力。我想跟他们好好谈谈，看看我离开后他们该怎么做。"

既然走向尾声已是现实，那就不要逃避，仔细观察发生的一切。这就是我们坚守的临床理论。

从宣告离开那天起，新一变得更加繁忙。除了日常业务、工作交接外，他还与每个成员单独谈话。他告诉对方自己马上就要离职，和他们讨论之后的计划。他直接询问他们刚到日间照护病房时是什么情况，几年里发生了什么变化，现在生活如何，将来有何打算、会做什么。

有些成员可以与新一顺畅交流，但也有些成员感觉困难，后者更多。分别的现实冲击着众人的内心，他们选择闭上眼睛，试图视而不见。这是可以理解的。这次分别不仅是与新一的分别，如果说大先生的离开预示着日间照护病房"终章的开端"，现在就是"终章的尾声"。毕竟，日间照护病房的日常是由这三名护士维系的。

新一隆重昭告了自己的离开，但成员们纷纷关上了黑匣子，以此平复现实带来的痛苦。

然而，新一并没有气馁，时间还是充足的，他留出了两个月。新一多次与成员谈话，他应该也感到这是"终章的尾声"。

重点谈话对象是友香，原因说来话长。

友香二十多岁时患上了精神分裂症，长期躲在家里。她现在可以稳定地接受日间照护都是因为遇到了新一。初次来到日间照护病房时，友香已经三十多岁，一开始她总是蜷缩在和室的一角，裹在毯子里睡觉，完全不愿与人交流。更糟糕的是，与别人待在一起令她痛苦，她经常悄悄离开，逃回家去。

每次新一都会去友香家接她，然后，两人一起散步。在她感到与人相处十分痛苦的时候，他花了很多时间耐心地陪着她。

在这个过程中，新一开始教友香打羽毛球。如果感到"待"着很难，主动"做"些什么总有帮助。

一有空闲，他们两人就会练习打羽毛球。渐渐地，其他人也加入了进来，友香通过羽毛球与其他成员和工作人员建立了联系。之后，她在每三个月一次的羽毛球比赛中表现出色，当时她已经可以平静待在日间照护病房了。这是四年前的事情。

但是，新一认为友香还能再进一步。她不只可以"待"在这里，还可以回归社会"工作"。其他患有精神分裂症的成员总是通过封闭自己来保护内心，与他们相比，她确实与现实有更多联结。但是，友香四年来毫无动静。她在日间照护病房重复着相同的日子，不知不觉已经四十好几了。在这段时间内，她的父亲去世了，母亲也变老了。时间无情地一去不返。现在新一也要离开她，独自前行了。

因此，新一在离职前的两个月内，和友香聊了多次——新一离开后，她该如何继续生活？她能否更进一步？应该做什么？她自己对此怎么看？

然而，新一彻底失败了。

反复的谈话让许多成员感到不适。新一隆重的告别是为了打破"一切照旧"的日常，推动停滞不前的时间重新流动，自然对成员们产生了冲击。他们的身体出现状况，生活失去规律。

高江洌部长曾经说过："虽然平时看不出来，他们真的十分脆弱。"

新一的告别显然触及了大家脆弱的一面。

友香再次受到影响。她极为不安，难以平静，表情僵硬。同时，她出现了过动的状况，思维天马行空、精神亢奋不已。在此期间，她找我咨询了好几次。

"医生，"友香认真地对我说，"最近我一直在考虑能不能成为一名药剂师，你知道该怎么做吗？"

我用手机查了成为药剂师的方法。上面写着获得资格，需要上六年大学，之后还要参加国家考试。我将信息转述给她："为了获得资格，你需要上大学，而且必须学六年呢。"

"欸？好难啊。"现实的障碍挡在了面前。她像是被泼了一盆冷水，表情一瞬间僵住，看上去十分难过。但是，她很快就振作道："不过，我可以实现吧？不是说梦想一定会实现吗？"

我理解友香的心情。她感到不安。面对新一的离去，友香的内心深受伤害，她陷入了一种脱离现实的遐想之中。如果她成为药剂师，也许可以与新一在同一个地方工作。她靠这种幻想来保护自己的内心。

然而，用幻想守护心灵不是长久之计，虽然可以暂时平复心绪，但现实很快便会将之击碎。即使我什么都不说，现实本身也会渐渐渗透至友香的内心。成为药剂师的道路非常艰难，新一即将离开日间照护病房，这些完全无法被幻想掩盖的现实从某处潜入了她的心灵。最后，友香开始频繁发病，无法再来接受日间照护。

"最近，我总是身体不舒服，腿疼，肚子也疼。虽然我想来接受日间照护，可是……"友香说这些话时，整个人都显得异常虚弱。

再讲一下，新一彻底失败了。想用隆重的方式走向尾声、想用自己的离开带来改变的新一一败涂地。

成员们无法忍受分别。他们先是困惑、不安，最后直接否认了这一事实。他们郑重地以平日的方式度过最后的时光。不，他们在用尽全力度过。为了抑制分别带来的冲击，他们牢牢地抓紧日间照护病房循环往复的日常。但是，许多人还是发病了，无法再来接受日间照护。

所以，新一离开的那天，病房显得无比寂寞。

友香说过"一定会去送行"，但当天她还是请假了。

新一是最受喜爱的工作人员，也正因如此，最后一刻变得格外落寞。

越是喜爱新一的人，越没法出现在这里。最后两周友香都没出现在日间照护病房。

事实上，我也一样。当天，我也不在日间照护病房。新一离开时，我在东京。我申请的一个研究项目通过了，于是前往新宿的豪华酒店参加颁奖典礼。

尽管时间撞上了，但我本来不必非去东京，一样可以获得研究经费。我深知，自己终究无法面对新一的离开，无法面对他将从日间照护病房消失的事实。我不想在冲绳狭小、寂寞的日间照护病房中直面分别，宁愿躲在首都中心的豪华大酒店里做个美梦。所以，我非常理解友香的感受。

最后一天，新一像往常一样做完所有工作，在凄冷的雨中，独自步行回家。这是我后来从别人那里听到的。我应该为新一办一场告别会，但我人在东京。比嘉美沙等医务助理女孩们也心有余而力不足。这一年，我们办了多场告别会，大家身心俱疲。我们没有力气再举办一场离别仪式了。

新一失败了。他在日间照护病房的职业生涯尾声落寞不堪。成员、留下的工作人员，乃至新一自己，都倍感寂寞和悲痛。隆重告别只带来了伤害，不仅伤害了留下的人，也伤害了离开的人。但是，我觉得，分别正是如此吧。

代替吹哨

即使人员变了，架构也不会改变。新一离开了，日间照护病房仍要运转下去。有人离去，留下的人会补上空缺的位置。日间照护病房的基本架构依旧守护着成员们，日复一日。

分别带来的冲击慢慢平息。随着时间的推移，许多事情都成为过去，日间照护病房逐渐回到正轨。魔法开始生效。之前状态不佳的成员，不知不觉间好转了，日常生活恢复如初。我俨然也适应了新的角色——那年冬天，我成了吹哨者。

我吹起了排球比赛中的裁判哨。在体育馆进行比赛时，裁判必不可少，吹哨正是裁判的职责。本来这是新一负责的，但他离开了，自然得有人代替。

随着哨声响起，比赛拉开帷幕。排球高手高江洌部长不在了，主力成员也相继转院，但比赛还是开始了。发球之前，需要吹哨；每得一分，也要吹哨；有一队获得十五分，则要"嘟——嘟——"地直吹，宣布比赛结束，一方获胜，一方落败。即使更换球员，比赛还是会进行下去。为此，我不停地吹哨。

不可思议的是，吹哨的时候，我总觉得自己在模仿新一。我像他一样吹出尖锐的哨音，严肃地宣布结果。不仅如此，在日间照护病房的日常中，我变得像高江洌部长一样，开车到服务区时会提醒大家"记得去洗手间"。我也变得像更早之前辞职的大先生一样，在午休训练中大力击球，还鼓励失误的成员"再来一次！"。

离开的人并非彻底消失不见，他们的痕迹留在难以察觉的地方。最终的分别不是只有掠夺。

有一个概念叫做"悼亡"（work of mourning），指的是在失去重要的人事物时，我们的内心发动的机制。

生活中我们总是会不断失去什么，现在也是如此。失去时间，失去未来，我们不断体味失去，同时努力活着。有时，我们会因失去而痛苦。例如，重要的人去世，被恋人背叛，梦想破灭，信任的同事离职。

这种时候，我们的内心会受到伤害。为了让自己免受痛苦，我们会变得麻木，否认失去。很多成员忽视与新一的分别，正是如此。或者，当痛苦太过剧烈时，我们反而会斗志昂扬、情绪高涨。例如，友香想要成为药剂师，我去参加颁奖典礼，都是心理防御机制造成的。这在心理学中被称为"躁狂性防御"，即借着躁狂状态来摆脱失去的痛苦。我们的内心会运用各种方式来巧妙地保护自己。

然而，即便如此，失去的痛苦仍会悄悄逼近。防御机制不会一直有效，迟早我们必须面对失去。此时，内心会感到痛苦，希望重新获得失去的东西，一旦难以实现，就会变得绝望。面对失去，我们会低落沮丧，陷入一段阴暗、痛苦、孤独、悲伤的时间。

这些在内心中循环往复，从而使内心渐渐发生变化。精神分析专家松木邦裕生动地描绘了这一过程：

每当想起失去的人，我们心中便会有所希冀。但是，我们无法再与对方建立联系，只能反复感受到悲伤与无奈。在这一痛苦万分的过程中，我们会逐渐意识到失去了对方，但同时会将对方的美好——例如，回忆中美好的话语及亲密接触——深深刻入心中。这些美好与我们的内心世界连接在一起，切实地存在着。等到激动的情绪逐渐沉于谷底，平息下去，我们会有所体会。这就是说，失去的人会在我们的内心占据一席之地，并且持续存在。我们在内心深处与之对话，温馨地相互交流。[1]

失去是痛苦、悲伤的。重要的东西遭到掠夺，一去不返，这个事实让人难以承受。但是，如果我们能够铭记这种悲伤与伤痛，失去的东西就会于我们内心深处重生。千丝万缕的愁绪消散之时，我们会发现离开之人其实还在自己心里。我们会保留美好的回忆，并产生感激之情。

确实，我们在分别中遭到掠夺。理所当然陪伴在身边的人突然间不在了，我们需要面对对方"离去"的现实。因此，分别是寂寞的，也是痛苦的。

然而，分别也会给予一些东西。切实感受失去之苦，体味伤痛与悲伤，我们在内心深处会重新构建对方，从而在没有对方的现实中重新构建自我。认真对待分别，内心就会焕发新的东西。正因如此，我才能肩负起吹哨的责任。

友香的心中也是这样。她休息了一段时间，然后像什么都没发生过一般重新回到日间照护病房，但是她已经不再是曾经的她了。尽管外在看不出来，但她在经历过令人心痛的分别后已然发生了改变。

她决定开始工作，但并不是成为药剂师，而是在一个小作

1　松木邦裕：《抑うつの精神分析的アプローチ》，第 19 页。——原注

坊里把"沙翁"[1]装进礼品袋。这是她四年来迈出的第一步。

新一离开之后不久，她就悄悄去了作坊。她既没有大张旗鼓，也没有暗自硬撑，就这样默默地开始工作。虽然这个过程十分不易，友香也会惶惶不安，但她迈出了这一步，试图面对现实。最后，她做到了，顺利坚持下来。

友香偶尔也会回到日间照护病房。下班或休假时，她会来这里，用之前常用的杯子喝茶，跟老朋友们说说自己的近况。

她还私下跟我敞开过心扉。

"医生，其实我……"她有点害羞，"我曾经喜欢过新一。"

"哎！真的吗？"我震惊不已。不，其实我是故作惊讶。

当然，我早就知道。日间照护病房的每个人都知道友香曾经无数次向新一表白。他是改变她命运的人，产生这种感情十分正常。面对友香的告白，新一每次都会露出绅士般的英俊笑容，回复道："谢谢你，友香。"

"是的，我喜欢他。所以，新一离开时，我很落寞。但是，他已经不在了。所以，我决定做些新的事情。虽然我想成为护士，但首先得从力所能及的事情开始。"

她羞答答地说道。

我听后无比开心，因为新一并没有失败。新一隆重的离开方式把"新一不在了"的现实准确地传递给了友香。虽然这无

疑让友香大受冲击、极为痛苦，但她努力接受了。她没有再否认失去，也没有再启动"躁狂性防御"机制；她亲尝失去之苦，受尽痛楚，切实地直面了现实。她将从新一那里获得的东西保留于内心深处，开始去作坊上班，没有再幻想成为药剂师，或者和新一一样的护士。这为友香的人生增添了新的改变元素。

我再重复一遍，新一并没有失败。新一的存在、新一带来的东西、新一的离去，都没有被抹除，而是存于留在这里的人们心中。

分别让人感到寂寞、痛苦，但生活仍要继续。新一的存在，不，新一的"离开"，会对友香的内心产生某种影响。对方的"离开"成为自己成长的养分，让人们有所收获。最隆重的分别，即是如此。

因此，日间照护病房不仅有架构，当中确实有人，还有人与人的联结。架构因人而生，而日间照护病房里确实有人生活着。

新一隆重的离职方式就这样迎来了结局。由秃头、胖子和瘦子共同支撑的日间照护步入了"终章的尾声"。

南风原还在这里时的共同体，在一年多的时间中四分五裂，我一个前辈也没有了。工作四年的我成了员工中在职最久的人。

但是，故事还没有结束。

即使迎来了"终章的尾声"，日常仍在继续，人们的生活顽强得可怕。

日常仍在继续。圆形时间轨迹循环往复，从未停止。

因此，我必须独自处理剩下的一切。

为此，我必须弄清到底发生了什么事情，为什么会发生这样的事情。

《幽灵公主》的主人公阿席达卡说过："我是靠自己的双脚走来这里的，也要靠自己的双脚离开。"

第二次中场自述
关于照护与治疗的备忘录

饥饿的鸡啄食伏笔

不好意思，打扰诸位。

尊敬的读者们，您可能发现到这里剩下的页数就不多了（已经很薄了，对吧），我们再来一次中场插叙。

故事正入佳境，我又插科打诨地打断大家，真是抱歉。我很想马上进入故事波涛汹涌的高潮部分，像辻村深月[1]的小说那样，步步揭示最初埋下的伏笔，让各位沉浸于揭开谜底的乐趣之中。

但是，可悲的是，应该说惭愧的是，尽管是我布下的局，但我其实有点搞不清楚哪里是伏笔，哪里不是伏笔，真是丢脸至极。在格林童话《汉赛尔与格莱特》中，为了找到来时的路，主人公步入森林后一边丢撒面包屑，一边前进，但是一只饿坏了的鸡"咯咯咯咯咯"地叫着紧跟其后。它一边追赶主人公，一边啄食面包屑，导致他们完全找不到回去的线索。我现在正是如此。

1　日本著名推理小说家。

从书中的情节看，我现在完全陷入了绝境。前辈们都辞职了，就剩下我一人。日间照护病房已经进入了"终章的尾声"之后的世界。说实话，真的是糟糕透顶。

如果这是《爱丽丝梦游仙境》，现在应该就是快要醒过来的时候了吧。就像马上就要被红桃皇后砍掉脑袋时，突然清醒：啊，原来是个梦啊，真是太好了。爱丽丝醒来的正是时候，不过我可以断言，她虽然避开了人生的苦难，但肯定没能成为一个合格的成年人。

我也一样。新一辞职的时候，我多么希望这一切不过是场梦。如果自己从中醒来，可以回到刚获得博士学位的时候，那可就太好了。但是，怎么可能啊。毋庸置疑，这是现实世界发生的事情，我必须妥善收拾残局。毕竟，当初我是自愿来到冲绳的，还牵累了家人。

所以，我必须解决掉眼前的麻烦，这不是感叹一声"原来是场梦呀！"就能敷衍过去的事。我需要解开谜团，洞察事态，生活下去，然后走出困境。

然而，我为此留下的伏笔却被饥饿的小鸡吃掉了，现在我也不知如何是好，真窝火。本书前面的撰写一直都算顺畅，但是最近两周左右，却停滞不前。我厌倦了，想着要不运用超现实主义的手法草草结尾，但这又和那个叫做爱丽丝的小姑娘一样了。于是，我花了三天时间冥思苦想、认真琢磨，总算是守得云开见月明。

没错，写到最后一章，为了顺利解开谜题，我必须先整理一下何谓"照护与治疗"。我在本书开篇就为此埋下了伏笔。

本书中有许多出场人物，比如高江洲部长、新一等，但真正的主角是照护和治疗。也许对您来说，本书可能看起来像故事或随笔，但我确实是在按照学术著作的模式撰写，提出问题，解析问题。因此，对我来说，这是一本研究"临床心理学"的书籍。

综上，本书的主角是"照护"和"治疗"这两个概念。何谓照护？何谓治疗？两者之间存在何种关联？就像《白色巨塔》中的财前五郎和里见修二、平安时代的清少纳言和紫式部、《七龙珠》里的孙悟空和贝吉塔、偶像组合"泷与翼"里的泷泽秀明和今井翼，"照护"和"治疗"在书中一会儿发生争斗、一会儿握手言和，互有胜败，而真凶潜藏在双主角的背后。

我为了成为心理治疗师，赌上人生来到冲绳，却遭遇困境。我本想在实践中积累经验，花五六年时间成为一名合格的心理治疗师，但短短四年内，我就觉得自己"待"不下去了。日间照护病房的前辈们都离职了，我成了资格最老的员工。很明显，这里的情况很不正常。一般来说，怎么会有那么多人相继辞职呢？肯定一直有一股邪恶的力量隐藏于此，不断作祟。为了找出这个罪魁祸首或者说真凶，我必须借助"照护"和"治疗"这两位主人公的力量。是的，通过"照护"和"治疗"的视角，便能窥见真凶。

为了在最后漂亮地揭秘，达到净化之效，我必须先向大家介绍"照护"和"治疗"的特性。就像阅读推理小说，我们读到紧张刺激的最后部分，突然发现凶手竟是一个让大家觉得"嗯？这是谁啊？"的路人角色，一定会愤怒叫嚣"什么鬼，真是瞎胡闹，退钱"。如果情节让我们思考"应该是这家伙呀，他看起来相当可疑，但他有不在场证明啊，另外几个人也神神秘秘"，最后凶手却是意想不到的人，整个推理小说就变得意趣十足了。因此，我必须立即解明本书最重要的两个关系者——"照护"和"治疗"的本质及内涵。

原本我就是这么打算的。刚开始写本书的时候，我考虑过这一点。因此，章节标题中经常会出现"专家与外行""圆与线"之类的两两比较。我一直反复强调"照护与治疗"的区别，试图让读者明白"啊，原来照护和治疗是这样的呀"。在大家感觉照护真是不错时，再来个大反转，揭露隐匿于两者背后的真正幕后黑手。然而，因为饥饿的小鸡，我写着写着完全忘记了计划。写书的时候，心思会在不知不觉间就有所变化，最后完全忘记了自己到底想要写什么，真是太可怕了。

可能有人会说现在回头重新写不就好了，但我实在力不从心，还请诸君口下留情。重新回到前面的章节，从头埋下伏笔，实在是一个超级麻烦的大工程。但像现在这般继续写下去，则无法进入尾声，该如何是好呢？最近，我一直为此而苦恼，最后还是想到了一个好办法。是的，那便是中场自述。虽然之前已经用过一次，但是我想再来一次，简单地写一些关于"照护与治疗"的内容，也许还来得及在解开谜题之前理清头绪。就这样吧！真是太棒了。

"咯咯咯咯咯！"

啊，糟糕！那只鸡追过来了，不得了。如果伏笔再被吃掉，就无法挽回了。所以，让我尽快解释一下照护和治疗吧。然后趁此之势，直接进入终章。

照护与治疗的白色巨塔

照护是浪速大学第一内科的助理教授，他是一位关心患者、极为认真的研究者。而治疗则是浪速大学第一外科的助理教授，他是一位野心勃勃、技艺高超的医生。两人在学术界激烈的权力斗争漩涡中不断挣扎，努力坚守着自己的理想。现实中当然没有这样的剧情。照护与治疗并不牵扯晋升教授，而是人与人交往时的两种方式。

再重申一下，我在大学院阶段接受过心理治疗的特训，力图成为专业人士。我想和患者待在一个密闭的空间里，探讨不能公之于众的事情，深入触及心灵，帮助对方思考、认知自我。这便是"心理治疗"。

然而，我误打误撞在冲绳进入了日间照护的世界。那是在一个宽敞的大厅，大家一起度日的方式。比起深入交流，人们更多是一起做饭、打棒球，维持日常生活。这与治疗大相径庭，我总觉得自己进入了一个神奇的国度。这种构建人际关系的方式被称为"心理照护"。

因此，"照护与治疗"不是白色巨塔中两位医生的故事，而是指两种不同的人际交往方式。我在日间照护病房工作，同时在门诊提供心理咨询，穿梭于两者之间。渐渐地，我意识到日间照护中存在着照护与治疗两方面的元素，而心理咨询中也是如此。事实上，正如前一章所述，部长和新一的离职虽然发生在同一个日间照护病房中，但背后是两种不同的原则。在此，我想做个总结。

何谓心理照护

部长的离职方式属于心理照护范畴。不，我不是想说"照护就是悄悄离开、不告而别"。当然不是这样。郑重地告别大家，有时也是照护，需要具体情况具体分析（这也是临床的要领）。

重点不是具体的行为方式，而是部长把"不让他人受伤"放在了首位。部长轻描淡写地走向尾声，是因为考虑到患有精神分裂症的成员对分别异常敏感，希望减少他们受到的伤害。

> "心理照护"即"不让他人受伤"。

说到这里，我自己都觉得"这个定义有些消极"。虽然听起来不免心虚，但精神科医生加藤宽与作家最相叶月的对话作品《心灵的照护》中也提到了类似的观点。确实如此，不让他人受伤其实是一件无比困难的事情，因为人非常容易受伤。

想象一下雪人吧。如果无人照看，雪人便会慢慢融化，最终消失。柔和的阳光会让它的鼻子掉落；降下的雨水会让它的身体变形，难以保存。因此，为了不让雪人受到伤害，必须持续为其输送冷气、遮风挡雨。这便是所谓的照护雪人。

人也是一样，被他人忽视，就会受伤。工作中，如果没有人和自己说话，我们就会怀疑"大家是不是讨厌我"；饿了但没有食物，我们就会感到痛苦；如果不管婴儿，他们就会死亡。

人们有各种各样的需求，如果得不到满足，就会受伤。因此，"不让他人受伤"就是"满足他人的需求"。根据日常的需求，学者上野千鹤子在《照护的社会学》中给出了以下关于照护的定义：

照护就是在规范性、经济性、社会性组织架构承载、推进的基础上，满足必须依赖他人的成人或孩童身体、情绪需求的行为和关系。[1]

这是非常准确的定义，"照护"即"满足需求"。换句话说，

1　上野千鹤子：《ケアの社会学》，第42页。——原注

就是"承载他人的依赖"。我们在生活中不总是依赖他人,给别人添麻烦吗?每个人都有各种各样的需求,必须依赖别人,一旦愿望没有得到满足,内心就会受伤。

不让他人受伤极其困难,因为人们的需求多种多样。雪人希望得到大家帮助,不让自己消融,我们为其输送冷气便是照护。若有一日,雪人任性地提出"快让我稍微融化一些吧,要是不瘦点我会很难过",我们就得输送吹风机的热风。

同理,若有人哭泣,我们上前安慰是照护,让对方独自静静也是照护。"你陪着我就好,别跟我说话",当别人有这样的需求时,如果我们不断重复"这不是你的错",就是一种伤害。"快说,说不是我的错",若对方有这种需求,一言不发就会让对方觉得"你是不是在嘲笑我",最后受到伤害。

因此,照护就是灵活应对每时每刻不同的需求,不去伤害对方,承载别人的依赖。照护基本上不会改变个体,而是改变环境。雪人啊,你可以一直这样哦,我会为你找到冰块的。

日间照护病房中发生的事情就是这样。那里聚集了很多十分脆弱、容易受伤的人,他们有很多需求。我们要逐一满足这些需求,否则成员们就会受伤,无法继续"待"着。"待"在这里的前提是得到充分照护,照护是提供安全保障、支撑生存生活的根基。

"心理照护"即"不让他人受伤"。

好了,为了伏笔不被吃掉,我们赶紧进入下一节吧。

何谓心理治疗

接下来介绍心理治疗。

回忆一下新一的离职方式，可以帮助我们理解心理治疗。

新一的离职方式与部长完全不同。如果说高江冽部长追求的是"不让他人受伤"，新一就是尝试让大家直面分别带来的创伤。他花了两个月的时间，努力处理自己与留下之人的复杂情感纠葛。

> "心理治疗"即直面伤害。

是的，心理治疗会触碰人们的痛苦之处。不是消除痛苦或者减轻痛苦，而是为了改变引发这种痛苦的根源，就像牙医治疗蛀牙一样。

因此，正如我多次提到的，大家的一般印象是"温柔的心理咨询师认真倾听大家的话语"，实际上并非如此。有时候可能是这样，但类似实践更多属于心理照护的范畴。当着重于心理治疗时，治疗者会明确发生的问题，介入导致问题的机制，并努力使其改变。因此，心理咨询师常常颇为严酷。

面对上文中的雪人，我会说：

"你啊，就是因为待在花园里才会融化啊。你知道我家有专用冷冻库，你还要继续待在这里吗？"

雪人有点委屈："可是，我想让孩子们一直看着我。"

"我理解，你的心情我能理解。但是，春天迟早会来的。"

"可是，我想让孩子们一直看着我。"

问题已经十分明确了。实际上，雪人正挣扎于自己即将融化的恐惧与让孩子们开心的愿望之间。心理治疗就是要直面这种纠结。虽然很痛苦，但我认为这个过程必不可少，毕竟我无法一直运送冰块给雪人。

雪人的故事让我的叙述稍显混乱，其实人也一样。心理治疗会让一个必须听到"没问题"才能安心的人，直面听不到这些安慰而变得不安、沮丧、受伤的自己。不是避开伤口，而是触碰伤口。通过这种办法，治疗者想让患者获得靠自己觉得"没问题"的能力。

综上，心理治疗的目标不是"满足需求"，而是"改变需求"。

这一点相当重要。世界中的大多数活动都是在全力以赴满足各种需求，但有些需求如果得到满足，反而会让对方更难生活下去。好比有人对你说"希望我们一直在一起"，两小时后，他会希望你继续，最终变成了二十三个小时在一起。即便如此，剩下的一个小时你不在身旁，他还是会感到寂寞。因为在一起越久，分开后越会乱想，觉得你一定是厌烦他了，因而害怕不已。

所以，如果能直面恐惧和创伤，将"希望我们一直在一起"

转变为"即使不在一起，我也知道对方绝不会厌烦自己"，人就会活得更轻松自在，也会感受到共度一小时的宝贵，还会体悟到眼前照护的疗愈。通过心理治疗，心理照护也会进一步发挥作用。

这里，我们不得不提"自立"。如果心理照护以依赖作为原则（依赖与自立的关系也十分复杂，暂且不论），那么心理治疗就是以自立作为原则：接纳自己的问题，接纳痛苦和伤害，以此让自己变得更加自由、成熟。因此，心理照护改变环境，而心理治疗旨在改变个体。

如此，大家可能会觉得"心理治疗更厉害"，但我不得不再次说明，心理治疗有让人痛苦的地方，不仅需求没有得到满足，还要直面创伤，真的极为煎熬。因此，不是每种情况都适宜心理治疗。针对需要接受心理照护的人，就得先提供心理照护。如果直接进行治疗，只会造成伤害。因此，首先是心理照护，之后才是心理治疗。实际上，即便只是提供心理照护，对方也会有所变化，这种例子屡见不鲜。但正如前文所言，通过心理治疗，心理照护有时还能进一步发挥作用。这部分错综复杂，但那只鸡马上就要追来了，我还是赶紧往下。

两种"成分"：心理照护与心理治疗

心理照护与心理治疗的对比，如下所示：

心理照护	心理治疗
不让他人受伤	直接面对伤痛
满足需求	改变需求
为对方"做"	让对方"做"
支 持	介 入
开 放	封 闭
水 平	垂 直
架 构	人
关上黑匣子	打开黑匣子
依 赖	自 立
生 活	人 生
安 全	成 长
生 存	意 义
平 衡	纠 葛
和 平	事 件
外 行	专 家
日 常	非日常
亵	晴
地	图
空 间	时 间
圆	线
景 象	故 事
中动态	主动态

"心理照护"是"不让他人受伤",满足需求,提供支持,承载依赖,借此确保安全,维系生存,保持平衡,支撑日常

生活。

"心理治疗"是直接面对伤痛，主动介入，改变需求，实现自立，让对方在非日常的状态中纠结烦闷，进而成长。

也许，有人会说"我每天都在做着心理照护工作，既助人成长，也让人纠结"，我仿佛已经听到了大家的质疑。

我只能说一切都是二分法的错。虽说我们可以凭此将世界一分为二，但无疑会遗漏很多东西，也会存在不少例外情况，真是微妙而矛盾。

不过，这里可能也存在误解。虽然我刻意将两者写成竞争关系，但这只是一种比喻而已。毕竟，"心理照护与心理治疗"并非两种工作类型。也就是说，并非在日间照护病房做的就是心理照护，在咨询室做的就是心理治疗。当然，我是在学习心理咨询之后来到日间照护病房，才开始思考两者的关系。实际上，日间照护病房中的大部分工作都是心理照护，但就像我之前说的，这里同样存在心理治疗的成分。

因此，心理照护和心理治疗不是可乐和酱油，也不是装在不同容器中的不同液体，将它们比喻为糖和盐可能更为贴切。好比在西瓜上撒点盐会更甜，在寿喜锅中加些糖会更美味。

没错，心理照护和心理治疗是某种成分。人与人建立联系、彼此帮助时，这两者总是同时存在。因此，正如我观察到的，日间照护病房中既有心理照护的成分，又有心理治疗的成分。

也许，居所型日间照护中的心理照护成分更多，而中途型日间照护中的心理治疗成分更多。但不管怎样，都是两者同时存在。因为两者皆是成分，所以会混合共存，只是比例有所不同。

心理咨询中也包含这两种成分，按摩治疗、互助团体、萨满教、开放式谈话同样如此。就连医疗、学校、职场新人培训，都能发现两者的存在。家人、朋友之间也是如此，更不用说养育子女。明知孩子在装病，家长会犹豫该让其休息，还是让其上学？是让其依赖，还是促其自立？这些问题在我们的人际关系中随处可见。

我再强调一遍，心理照护和心理治疗是人际关系中的两种成分。不让他人受伤还是直接面对伤害？依赖还是自立？满足需求还是改变需求？只要与人交往，我们就得灵活地在这些纠结中做出判断。因为人际关系中总有些说不清、道不明的东西，所以临床的要诀就是具体情况具体分析。

从这个意义上来说，这里的二分法不是为了明确划分敌人和朋友，也不是为了将世界一分为二，并在中间筑垒高墙，而是为了在这个模糊不清的世界中窥知一丝真相。

太好了，我总算是概括了心理照护和心理治疗的概念。总之，此两者就是这般存在，它们在日间照护病房中付出良多。我想在最后一章中，揭示幕后黑手。

损伤我们的邪恶力量到底是什么，这股力量与心理照护和心理治疗又有什么关系？

"咯咯咯咯咯!"

我不怕了,因为已经撒下了大量的伏笔,我再也不会迷失方向了。如果这只讨厌的鸡再妨碍我的写作,我就把它做成炸鸡吃掉。

好了,亲爱的读者,是时候揭开谜底了。

让我们展开搜捕、围堵真凶。

出发吧!让我们再次前往日间照护的神奇国度,直至最深处。

最终章

庇护所与收容所

"待"着好难

幽灵的庇护所

任何地方都有藏身之处。无论是学校还是职场，甚至是监狱这种每个角落都被监视的地方，只要大家仔细搜寻，总会找到藏身之处。比如，天台、地下室、仓库，或者书架之间的缝隙、农场的树荫，再微小的空间都可以。我们总能找到这样一个不被别人发现，独自一人"待"着的场所。

只要顺利找到藏身之处，我们就能在感到苦闷时"待"着。难以"待"在教室里，我们可以躲到楼梯间；如果在职场中感到沮丧，我们可以躲进吸烟室。像这样躲在别人看不见的空间，短暂地放松下来，藏身之处就是支撑我们在某地"待"着的场所。

日间照护病房中也有这样的场所，即半地下的乒乓球室。因为我们偶尔才打一次乒乓球，所以那里基本上是空空荡荡的。房间的外墙是玻璃的，所以内部一览无遗，但只要关上灯，里面就会变暗，让人觉得可以暂避于此。藏身之处最重要的不是物理属性上的视觉屏蔽，而是"不太容易被人发现"的自我感知。

因此，乒乓球室成了那些状态不佳的成员的藏身之处。在日间照护病房风平浪静之时，即各种活动之间的空当，大家只是"待"着。此时，感觉有点"待"不下去的成员就会躲到乒乒乓球室。他们坐在里面的沙发上发呆、打瞌睡，或者静静地倚靠着角落的墙壁。昏暗的乒乓球室中起了薄雾，朦胧不清，守护着他们"待"在这里。

新年伊始，我也开始在午休时段躲进乒乓球室。

在此之前，午休时段是用来练习棒球的。这是大先生最先发起的活动，之后由新一接手。他们离开之后，就只有我一个人负责接球和击球的训练。那时，参与练习的成员大大减少，有的转院，有的出于各种原因不再露面，整个训练场地非常冷清。或许正是因为这样，新一离开两个月后，我逐渐开始懈怠，每次练习总提不起精神。

正当我无精打采之时，康夫走过来，如恶魔般地引诱我道："今天要么就休息吧?"一直以来，每到棒球练习时间，康夫总会不停地嘟囔："太热了，想休息一下，好想躺着。"他想逃避，所以经常被大先生和新一责备，但我却陷入了这个甜蜜的诱惑之中，回道："好主意，那么今天就休息吧。"

通往堕落的道路，如同催生出许多"道路族"国会议员[1]的乡村小镇国道，由于地面宽阔、整修完善，不知不觉车速就达到了每小时 120 公里。作为日间照护病房传统活动的棒球训练很快减少到每周一次。我非常疲倦，身体沉重，只想在休息的时候好好休息，什么都不做。

1　日本关注交通土建事务的国会议员，其中存在利益集团。

因此，躲掉了棒球练习，空出的时间我都逃进乒乓球室，与成员们一起在沙发上午睡。

"呼呼呼呼呼～"，玉木发出沉重的鼾声，像患上了呼吸暂停综合征的黑熊；百合则安静香甜地进入了梦乡；一旁的康夫偶尔会"噗"地放屁。

我被成员们包围着，夹在玉木和康夫之间，伴着鼾声和屁味，闭上双眼进入梦乡。在这里，我倍感安心。虽然我有一间专用的心理咨询室，可以在休息时间独自待着，但与成员们一起挤在乒乓球室更让我放松。独自待在心理咨询室，与其说是藏身于此，我感觉更像是被关在牢里，全世界仿佛只剩下自己，甚至不知道是死是活。

我成了幽灵。

这一切皆是因为我在年末递交了辞职信。

最后一滴水落下，我杯子中的水也溢了出来。

毫无疑问，最后落下的一滴水越过了对我来说绝对不能侵犯的底线，不仅对我产生了巨大影响，对其他工作人员也是如此，那一刻我深刻意识到"不能再待在这里了"。其实，在新一离开时，我使出了浑身解数才勉强坚持，所以辞职只是时间问题。毕竟，"终章的尾声"早已过去。

因此，在最后一滴水落下时，我马上跟导师商讨了今后的发展问题。我说明了自己的困境，咨询了跳槽的问题，因为我觉得靠自己是找不到工作了。起初我想着自食其力，结果陷入了当前的困境，考虑到之前艰难的求职经历，即便再来一次，也不会有什么好结果。我对自己深感绝望。

于是，我求助了导师。导师很快回应了我的请求。他动用人脉，给我介绍了一家大型医院的心理医生的工作，虽然薪资不高，但勉强能够维持家庭开销，最重要的是我可以继续从事临床治疗，所以我感激涕零。一开始，我要是听从别人的建议，现在可能也不会陷入此般困境，这令我羞愧难当。

无论如何，新工作基本有了着落，我便提交了辞职信。为了安顿好接受咨询的患者，我预留了三个月的时间。很多患者长期到访，所以隆重地为这里的工作画上句号，好好跟大家告别，是我作为心理医生的基本责任。

但是，没想到这么一来，我变成了幽灵。我还继续"待"在日间照护病房。但是，这里的一切仿佛都与我无关了。"最后一滴水"让我陷入了麻烦，但三个月后我就"不在"这里了，所以我对现状没有任何发言权。当然，我自己也不想牵涉其中。新一等人离开后，日间照护病房还新添了好几名工作人员，但我几乎不与他们来往。因为一旦与人深交，面对分别难免不舍，这种痛苦早就让我筋疲力尽。

所以，我"待"在这里但又好似"不在"这里。我没有容身之处。我的存在变得模糊，双脚逐渐透明。我成了幽灵。

"待"着好难。

所以，午休时我开始躲进乒乓球室。在昏暗的乒乓球室与成员们待在一起，我感到安心。我告诉成员们我要离职了，他们像以前一样让我随意待着。在这种时候，能有一个外界难以窥见、干涉的空间真是太好了。乒乓球室支撑着我"待"在日间照护病房。

这样的隐匿之地被称为"庇护所"（asyl）。该词不太常见，但有时会出现在度假酒店或酒吧的名字中，比如"箱根 asyl"或"六本木 asyl"。

"庇护所"，简单来说就是"避难所"，指让人暂时躲避的地方。但这么解释有些含糊，还需要更严谨的定义。根据学者夏目琢史的说法，庇护所指"一旦罪犯进入，就不能再被追究罪行的空间"[1]。

该词源自希腊语"asylos"，意为"不可侵犯、无法触碰，由众神庇护的极为安全的状态"。进入庇护所，罪人就会受到庇护，安全无虞。

自古以来，各地都存在这样的场所。例如，根据法学家亨斯勒（Ortwin Henssler）的说法，神殿、寺庙、族长之家、神圣的森林就属于此列，罪人一旦逃入其中，追赶者将无法进一步追捕。当然，不只是场所空间，触摸过国王身体或神圣之物的人也会成为"不可侵犯"的存在，不会被捕、受罚。

"神圣"场所有一个共同点，即受到神佛的庇护。庇护所中存在着有别于俗世的力量，俗世罪行在这里均会被束之高阁。

---

1 夏目琢史:《アジールの日本史》，第 22 页。——原注

有趣的是，即使在神佛的力量已经消失殆尽的当下，庇护所依然存在。"待"着，就需要一个不会受到责备、不会受到伤害、能够安心放松的地方。因此，我们现在仍然拥有庇护所，也在不断建造庇护所。

例如，儿时和朋友的秘密基地、大学时期私下召集的学习小组、在公司外面组织的晨活社团[1]，甚至是日间照护病房，都是庇护所。日间照护的发起者、精神科医生约书亚·比雷尔（Joshua Bierer）创建"社交俱乐部"，为的就是帮助出院的精神病患者在社区生活。这个俱乐部就在街区公寓的小小房间里，成了出院后无法从容生活的患者的庇护所。

虽然没有神佛保佑，但这种空间里的规矩还是与外面的世界不同，人们可以全身心放松，变成与平时不同的自己。因此，现代的罪人会隐匿其中。

所谓现代的罪人，并不是字面上的意思，而是指偏离了集体规范，因而难以生存下去的人。事实上，我们常常会变成罪人。在班级中格格不入，在工作中被视为累赘，受到朋友的背后诋毁……每当这种时候，我们都会觉得有人在背后指指点点，仿佛自己就是个彻头彻尾的坏人。

因此，即便在现代社会，这类人也会逃入庇护所。工作疲惫，连家里都"待"不下去的人，会彻夜躲入"六本木 asyl"；因递交辞呈而成为罪人的我，逃入了乒乓球室寻求庇护。

---

1 利用上班之前的时间，进行集体活动的组织。

藏身之处哪里都有，因为所有组织中都存在罪人；更夸张地说，每个人在某种程度上都是罪人，为了"待"下去，必须寻找藏身处，创建庇护所。

除了乒乓球室之外，日间照护病房还有一个庇护所，即事务室。那是医务助理女孩们的庇护所。

成为科长的比嘉美沙完全掌握了医务助理女孩的心思，趁着其他工作人员陆续辞职，成功将事务室打造为自己的专属王国。那是女孩们的乐园。

室内空调温度很低，零食摆得整整齐齐，随时能给手机充电，化妆物品应有尽有。医务助理女孩们觉得累了，就会躲在这里，一边刷手机，一边闲聊天。她们抱怨一个又一个帅气却糟糕的男人，嘲笑被玩弄于股掌之间的自己，尽情谈论着女性间的话题。

成为幽灵的我进去过一次，但不是为了加入女孩们的聊天，而是为了讨论如何应对眼下的危机。导致我离职的"最后一滴水"落下，引起震荡，医务助理女孩们受到影响，开始动摇。作为王国的主人，比嘉美沙苦恼不已。

商议应对方法的时候，比嘉美沙和我吃起了薯片。一年来她吃了太多零食，身形大了一圈，但她似乎毫不在意。在庇护所里，连减肥都能忘记。

"咚锵，要吃吗？"比嘉美沙伸出丰腴的手，递给我薯片。

"给我一些吧。"我接过薯片，吃了起来。

"还要吗？"

"不用了。"我拒绝道。比嘉美沙在一旁继续大口吃着。

她一上来就分享食物，感觉有点像美洲的印第安大酋长，或许想要建立庇护所，这种权能是必要的吧。

"那么，我们该怎么办呢？"比嘉美沙切入正题。

"为解决问题，我特意带了这个过来。"我递给比嘉美沙一样东西。

比嘉美沙打开袋子，确认过后，笑着说："真的吗？"

"当然。"我无比肯定，"自己得保护自己。"

"确实。"比嘉美沙把它放进口袋，然后说了声"谢谢"。

"我们得活下去。"

那个冬天真的十分艰难，发生了很多事情，动荡不断蔓延。因此，我躲进乒乓球室，比嘉美沙则进一步加固堡垒。我们都需要庇护所。

"最后一滴水"影响巨大。不过，在本书中，我不会详述"最后一滴水"的具体细节。可以说，我完全不会提及威胁我们继续"待"在这里的具体原因。亲爱的读者，在此我要说声抱歉，本书不是推理小说或揭秘实录，而是学术著作，即使是解谜，也不会明确揭发具体事件的当事人。

这些其实是我们在生活中常会碰上的无聊之事。只要活着，总会反复遭遇不幸，不值得为之在书中浪费笔墨。

我们必须探讨根本的问题。比起揭发事件的当事人，找出背后真凶才更为重要。本书的真正主角是照护和治疗，威胁我们继续"待"在这里的邪恶力量又究竟是什么呢？

而且，这个真凶不仅威胁着当时的我们，还威胁着世上所有"待"在某处的人们。也许，就连正在阅读本书的您也受到了同样的威胁。

"噗！"康夫放了一个屁。"呼噜噜噜噜～～"玉木鼾声震天。

我是一个飘荡的幽灵，在庇护所里一边闻着屁味，一边独自思考。

"待"着好难。

为什么会这样？到底发生了什么呢？

鲜红的血

2014年1月22日。日间照护病房的时间总在原地打转，如同化成一团的黄油，无论是1月23日，还是3月17日，或是11月5日，几乎没有区别。在日间照护病房中，具体的日期没有太多意义。但是，对我来说，2014年1月22日是难以忘怀的一天。

那天一早，我的身体就不太舒服，有些恶心想吐，还拉了肚子。我非常疲惫，燥热难耐。不过，那阵子我总是会出现大大小小的状况，所以还是照常去上班了。

上午有两个患者来做心理咨询。奇怪的是，面谈的时候，我身体的不适就消失了。可能是因为沉浸在患者的内心世界，或是因为完全被卷进了对方复杂的人际关系，那一刻我忘却了日间照护病房、新工作、事件当事人、真凶等烦恼。

但是，暂时摆脱的不适还是会卷土重来。心理咨询结束后，我的身体更不舒服了。头痛、恶寒，嗓子还非常干，所以我喝了很多宝矿力，但状况却越来越差。最糟糕的是，我越来越恶心想吐。

一如往常，午休时间我想在乒乓球室里睡一会儿，但因感觉不适，难以入眠。我的症状越来越严重。下午还要去体育馆打排球，我原本应该露面，但完全使不出一点儿力气，只好请求比嘉美沙帮忙，自己留下休息。自我工作以来，这种情况从未发生过。但是，那天我真的撑不住了。

工作人员和成员都去了体育馆，日间照护病房只剩下我一个人。躲在寂静的乒乓球室里，我试着再次入睡，但怎么也办不到，实在很不舒服。因为午饭一口没吃，我想着至少喝一点宝矿力，但因为口干舌燥，很快就喝光了一整瓶，结果感觉更难受了，呕吐物呼之欲出。虽然我想就地解决，但一直以来接受的教育阻止了我，我靠着最后的理智飞奔上楼，用手捂住嘴巴跑过走廊，冲进厕所。

终于，我把胃里的东西彻底吐了出来，就像鱼尾狮一样张开大口喷射液体，甚至冒出一丝快感。我从早上就什么都没吃，所以吐出来的只有宝矿力，最后胃部开始痉挛，嘴里一股酸味。直到吐得一干二净，我才睁开眼睛。

我呆住了，白色的马桶里一片鲜红。

"啊啊啊！"我大叫，在空无一人的诊所里惨叫，"这是什么！"

白色的马桶染成一片鲜红，太过非日常了。

稍微迟疑之后，我意识到自己吐血了，整个人瞬间战栗难安。

这是怎么回事？怎么吐血了？这不是漫画或小说中的场景吗？我居然有一天会吐血！这到底是怎么了？

我一下子绝望了。啊，我完了！我私以为内心没有脆弱到因为工作不顺变成幽灵而大受打击，但没想到压力这么大。我彻底被打趴下了。这可能是胃溃疡。不，吐了这么多的血，肯定更糟。莫非是胃癌？我要死了。不行了，我要死在日间照护手上了。

"太糟糕了。"

陷入恐慌的我本能地从口袋里掏出手机，拨通号码。

此时此刻我能依靠的只有一人。电话响了三声，就接通了。

"嗨，咚锵，你怎么打来了？发生什么事了吗？"

已经在新岗位工作的新一接起了电话。

"新一，我不行了，我要死了。我吐血了，要死了，不行了。我吐血了。"

"咚锵，冷静点。你吐血了？"

"嗯，吐血了，呜——"我情绪混乱，哭了起来。

269

"喂，冷静点。血是什么颜色的？"

我再次看着一片鲜红的白色马桶，血迹就像是雪地里绽放的红色玫瑰。

"是红色的，非常鲜艳。哎呀，我要死了吗？"

"不会死的，咚锵。"电话那头传来新一的笑声，他继续确认，"很红吗？"

"很红，超级鲜艳。"

"那肯定没什么大事。如果真的病入膏肓，血的颜色会发暗。很红说明没什么大事。"

"真的吗，我不会死吗？"

"都说了肯定不会死的。现在医院还开门，赶紧去看看吧。"

"太好了，死不了就好。"

挂断电话后，我马上又打给比嘉美沙，告诉她我得去趟医院。

"我吐血了，鲜红的血。是鲜红不是暗红色。应该不会死，但也有可能会死，所以我得去下医院。接下来的事拜托你了。我再说一遍哦，是鲜红色不是暗红色。鲜红的，这点很重要。"

"我知道了，是红色的血。你要去医院是吧？"比嘉美沙冷静回道，"我们这边没事的，你自己保重身体。"

黑暗收容所

我躺在大型综合医院的病床上，周围的医生和护士来回奔

270

忙。我左胳膊上打着点滴，若是此时此刻能够透过病房的窗户看到树叶飘落，定会生出无限悲凉之感。可惜的是，我只能看到其他空荡荡的床铺。

事先声明，我没有得癌症，也没有得胃溃疡。血不是暗红色的，我只是单纯的脱水，所以挂点输液补充失去的水分。

医生仔细地跟我分析了病情。可能是我先感染了某种病毒，然后喝了太多的宝矿力，吐得又急，导致食道受伤出血。

"就像泵的原理一样，用力猛压，水会迅速喷射而出。"医生特地拿出了一个模型给我看，"水流过猛，导致喉咙割伤。"

原来如此。标榜为治愈神浆的宝矿力竟伤到了我。血是鲜红色的，因为是从食道中刚刚流出的。胃溃疡之类的病灶往往在更深处，血就会发暗。

"那么，我不会死吧?"我问了三十多次，医生受不了地笑着说，"没事的，你打完点滴，就可以回家了。"

说完，这位认真的医生便重新回到工作岗位，护士们也在辛勤工作。医院里非常繁忙，患者一个接着一个，他们熟练地提供治疗，还耐心地安抚觉得自己罹患癌症、必死无疑的心理医生，迅速为我打上点滴，然后让我躺着休息。

我躺在床上思绪万千。我到底在做什么? 人们都在忙碌地工作，而我却把喉咙弄到出血躺在这里。

我想到了日间照护病房。现在大家应该打完排球回来了。今天的比赛结果如何? 新来的员工有没有吹哨子? 一定有人吹了，这种事情任谁都能做。比赛结束后，大家应该还会轻松地喝饮料、稍稍休息一下，然后由某人开车带众人返回。现在要开始准备晚饭了吧。

即使没有我，日间照护病房也能照常运转。新人会接替我的工作，所以这里会顺利地运转下去。是的，只要有人离职，就会有新人接上。新一辞职后，新的护士接替了他的工作；我辞职后，也会有新的心理医生接替。之前不也是如此吗？因为刚好有人离职，所以聘用了我。

工作人员可以随时替补。为什么呢？为什么老人一个个地走，但新人还是一个个地来？

其实我深谙其中的道理，毕竟是我自己选择了这里。请大家回想一下我求职时的骨太方针。

第一条　心理咨询为主的工作

第二条　足够养家糊口的薪水

第三条　不限工作地域

因为待遇好。薪水不错，所以我来到了这里。不仅是我，大先生、高江冽部长、新一、比嘉美沙，亦是如此。每一位护士，每一位医务助理女孩，都是因为薪资高才来的。

因为待遇不错，有人辞职时，很快就能找到新人接替。无须挽留离开之人，就算出现空缺，也马上就有替补者。

这是一个陷阱。仔细想来，我当时的选择是不对的。

求职之时，我完全没有思考过"明明冲绳整个地区的薪资水平都不高，为什么单单这里待遇丰厚"。装酷的骨太方针二条先生也难逃罪责。那个家伙那时候什么也没说。大家都被高昂的报酬冲昏了头脑，没有深究其中的缘由。

真是愚蠢至极！

甜言蜜语背后总隐藏着陷阱。这不是理所当然之事吗？

我没有看清现实，心理医生的工资其实一直很低。在日本的医疗体制中，心理治疗定位不明，所以大多数医院的心理医生赚不到什么大钱。即便如此，这个工作依然极具人气，有非常多的人憧憬成为心理医生，导致薪资水平进一步下跌。因此，像我这样刚从学校毕业，也没什么人脉关系的新手心理医生，通常难以养家糊口。这才是现实。

但我无视了这个现实，发现这里的薪资水平远高于平均水准也未曾怀疑，直接扑向陷阱。以心理治疗来养家糊口，我完全被这种欲望冲昏了头脑。

结果就是现下把自己弄到吐血。

支付高薪资是为了保证即便员工相继离职，也有新人接替。支付高薪资也意味着很难保证员工一直"待"在这里。

确实如此。我的喉咙里流出的是鲜红的血，但也有暗黑的血混杂其中。因为这里面存在着某种"黑色物质"。

何谓"黑色物质"？

我们的世界充斥着"黑色物质"。比如，强度大到让学生放

273

弃学业的黑心工读，长时间练习及不合理指示让师生困扰不已的黑心社团。最可怕的是，让员工持续不断加班、追求无望业绩、受到职权骚扰的黑心企业。

在非营利组织致力于解决相关问题的今野晴贵将黑心企业的本质概括为"大规模招聘·大规模离职"。也就是说，通过优厚的条件吸引大量人才入职，而后让其于严苛的条件下完成工作，最后"用尽即弃"，再次展开大规模招聘。

员工频繁更迭，每一个人都是在耗尽气力后被踢走丢弃。替代者数不胜数，因此这些地方完全不存在让大家一直"待"着的理念。这些工作岗位从不考虑如何让员工"待"着，成了一个个"待不下去"的场所，黑色物质由此而生。

为什么呢？

为什么不考虑如何让员工一直"待"着呢？是什么催生了"黑色物质"？

在思考这些问题时，黑心日间照护机构给了我线索。接下来，我将带大家走入日间照护鲜为人知的深处。

本书到此为止，基本上一直都在谈论日间照护病房的光明面，日间照护病房如何支撑成员"待"着。

然而，就像世界上所有的营生一样，日间照护病房也有阴暗面，"黑色物质"潜伏于此。

支撑成员"待"着的日间照护病房，有时也会忽视如何让人"待"着。这自然不仅仅发生在日间照护病房。在支撑大家

"待"着的所有工作和设施中，难免存在阴暗面。凡是与照护相关的工作，都潜藏着某种吸引"黑色物质"的东西。在此，我想鼓起勇气，揭开它的真面目。

首先，我想讨论小林惠理子的《活在地狱中》描绘的黑心日间照护机构。出版社网站上对这部作品的介绍如下：

作为色情漫画杂志的编辑……小林长期在黑心企业工作，内心饱受打击，直至自杀未遂。失业后她被确诊出抑郁症，只能依靠社保维持生活。她为了康复不懈努力，希望回归社会，却遇到了麻木冷漠的社工人员，消耗了大量气力，还被卷入了巧立名目的诊所的商业陷阱。[1]

在黑心企业中身心遭受摧残的小林惠理子开始前往日间照护机构。表面上看，那里是一个让人放松身心的地方，既提供餐点（有时供应高级和牛便当，有时去吃法国菜），每年还会安排一次外出旅行。小林曾跟团去过迪士尼乐园，住在高级酒店"Miracosta"里，享用豪华晚餐。

这完全就是一个理想之所，看起来为大家安心"待"着提供了诚意满满的保障。但是，十分不错的事情背后总隐匿着黑暗。

1　小林惠理子：《この地獄を生きるのだ》，第78—79页。——原注

小林在该诊所经常会被注射一种长效针剂，单价3万日元。这种针剂一般需要注射在臀部，总伴有剧烈的疼痛。每打一针，诊所就能大赚一笔，因为有国家补助，小林个人不必负担任何费用。

因为一直接受注射，小林还受到制药公司主办的讲座邀请，对方为她安排了上等的住宿酒店、高级的料亭餐饮。她如此日复一日地生活，最后得出以下结论：

医生推荐患者注射昂贵的针剂，为了提升患者接受日间照护的意愿，还安排豪华餐饮。在长期前往日间照护机构的过程中，我逐渐明白了诊所财务状况良好的秘密。这家诊所非常擅于经营，但擅于经营并不代表患者的满意度也会提升。[1]

确实，这家日间照护机构既提供高档便当，还带患者去迪士尼乐园。那里准备了许多让人感到愉悦、满足各种欲望的东西。尽管如此，小林仍觉得一切宛如"地狱"，正如她作品的书名所示。

患者"待"在日间照护机构，实际上就变成了医院赚钱的工具，小林深谙这一道理。她只要"待"着，医院就会赚取高额的诊疗费用，还能通过注射针剂牟取暴利。如此一来，患者会被强制"待"着，隐匿背后的黑色物质逐渐显露。

当有人对小林说"你恢复得不错呀，真好，我也想带孩子

1　小林惠理子：《この地獄を生きるのだ》，第78—79页。——原注

去看看"，她总是会这么回应：

除了诊所别无去处，毫无一点幸福可言。[1]

再举一个黑心日间照护机构的例子，即新闻中报道过的E诊所，他们通过软禁患者来牟取暴利。关注相关问题的专家古屋龙太在论文中描述过E诊所的日间照护病房情况，标题骇人听闻——"日间照护病房：黑暗的温床"。虽然文章有点长，但极具引用价值（为了便于阅读，我把其中的缩略语改为了正式名称），简直就是恐怖故事。

E诊所的精神科社工会被指派到政府部门的生活保障窗口，充当咨询人员。每当有流浪者前来寻求帮助时，社工便会推荐他们去诊所就诊，并待在日间照护病房以换取社会保障金。患者被安置在诊所附近的所谓"共享之家"里，每个房间都是用合成板隔出的，仅有一到两个榻榻米大小。大巴每日早晚接送患者，日间照护病房随意安排乒乓球、室内槌球、院内散步、桌游、电影欣赏等活动，但时间很短，休息居多。一些患者成了"编外工作人员"，还要照护其他患者，并负责打扫卫生。

原来E诊所会付给"编外工作人员"100日元时薪，因严重违反《劳动基准法》遭到举报。在此之后，他们就打着社会参

---

1 小林惠理子：《この地獄を生きるのだ》，第82页。——原注

与实践的幌子，把患者变成了免费的志愿劳动者。患者本人的社会保障金，由社保部门通过挂号信直接邮寄给诊所，诊所工作人员全权管理患者的财务与生活。在被报道揭发之后，诊所才为患者申请了个人账户，改为管理银行卡和存折，但每天还是只支付给患者 500 日元。如果患者不去日间照护病房，就无法吃饭、吃药，也拿不到钱。患者只有依靠日间照护病房，才能维持生存。这样一来，患者便失去了自发性的目标，完全是为了维持生活才来此地。白天他们不能自由外出，有的楼层甚至还会上锁，变成"封闭式日间照护病房"。员工们为了待在这里不得不变得麻木，许多人因为陷入抑郁而离职，但年轻的精神科社工每年还是大量涌入。[1]

正如我们之前所说，每日接送、组织各种类型的活动、安排大量的休息时间，是居所型日间照护的普遍做法。为了支撑人们"待"下去，日间照护病房自然而然就会变成这样。因此，E 诊所好像并没有什么奇怪之处。

然而，一旦阅读了古屋龙太的文章，人们会震惊于"待"着状态的扭曲。在那里，"待"着被经济收益掌控，每一件事单独列举出来都像是照护，实际上却并非为了支撑患者"待"着，而是强制他们"待"着。

1　古屋龙太：《精神科ディケアはどこに向かうのか》，《精神医疗》第 89 期，第 415 页。——原注

如此，"待"在那里变成了"关"在那里。古屋龙太针对上述内容做了如下总结：

迄今所有被举报过的精神病院侵害人权的行为，正发生在街头巷尾的每一家诊所之中。[1]

黑心日间照护机构就是"收容所"（asylum）。

对大家来说，这可能又是一个新鲜词汇，但它带有贬义，不会出现在酒吧名字中（我以为不会有店家使用，结果一搜索，发现居然有家十分时尚的咖啡厅取了此名，真是叫人摸不着头脑）。

社会学家戈夫曼（Goffman）曾用"收容所"指代"全控机构"。这样解释好像更难理解，总而言之就是类似难民营、监狱、旧式精神病院，统一管理"待"在里面的人的地方。

简单来说，一旦步入这种地方，便会被加上编号，不管是囚犯编号还是病历编号都一样，当事者的姓名遭到剥夺，被一个容易管理的数字代替。之前穿着的衣服会被收走，换上犯人服、病号服等统一着装。人们的个人属性被夺去，然后被迫进行统一的日程活动。

所以，在收容所里"待"着是被强制的。监狱就是典型例

1　古屋龙太：《精神科ディケアはどこに向かうのか》，《精神医疗》第 89 期，第 5 页。——原注

子，身处其中之人不能自由出入。这类地方往往筑高墙、设寒牢，为防止有人逃跑，布下全方位严密监控。人的自由就这样被彻底剥夺，"待"在这里只会心生痛苦。

值得注意的是，社会学家有蓝真代说过，"收容所"和"庇护所"本是同一个词。德语"asyl"（庇护所）翻译成英语就是"asylum"（收容所），两词同源。

大家联想一下温泉旅馆会更好理解（也可以联想一下夏威夷疗养胜地）。温泉旅馆毋庸置疑是庇护所。被俗世烦扰的我们会躲到温泉乡，享受短暂的悠闲。办理好入住手续后，我们会换上与别人一模一样的浴袍，还会收到附有编号的房卡或印着条码的手环，凭此结算所有花销。大家在温泉旅馆中的活动基本类似，一起泡温泉，一起在宴会厅吃吃喝喝，然后回房睡觉。如此看来，温泉旅馆的运作方式似乎与监狱无差。

庇护所和收容所采用同一种运作模式。但是，前者是支撑大家"待"着，后者是强制大家"待"着；前者为罪人提供庇护，后者将罪人关押起来。

让我们回到黑心日间照护机构。

精神病院过去是收容所，管控森严、侵害人权，在受到各方批评后，才鼓励患者出院，回归社会、社区生活。但精神病患者要想在社区中生活并非易事，于是便出现了日间照护病房这样的庇护所。日间照护病房是在社区中生活的患者接受庇护、安心"待"着的地方。但是，这一庇护所很容易再次堕落为收容所，变成黑心日间照护机构。

为了不让大家误会，我必须声明自己工作的地方并非《活在地狱中》描述的或E诊所那样的黑心日间照护机构。E诊所事件不仅在社会上引起轩然大波，也给许多照护工作者带来巨大冲击，因为大多数日间照护机构并不是收容所（应该是吧）。

但是，这并不意味着黑心日间照护机构仅仅是一部分坏人制造的个案。其实，这是隐匿在日间照护机构本质中的东西。毕竟，日间照护机构的商业模式就是让患者"待"着，进而获得收益。

如古屋龙太所说，日间照护病房就是"设在门诊的金库，收入全部用于运营医院"。成员在其中"待"一天，每个人头大概会让医院获得数千日元至近万日元的收入。只要接受日间照护的成员不断增加，医院的经营状况就会持续向好。一旦成员离开，医院的收入自然会减少。

因此，在日间照护病房"待"着往往具备双重含义。一方面，机构提供照护，支撑患者安心"待"着；另一方面，患者"待"着，才能保证机构的经济收益。当然，不只是日间照护病房，各类照护机构都具有两面性。

当经营者更看重后者时，日间照护机构便会变为收容所。因此，庇护所极易恶化为收容所，原本支撑患者"待"着、提供庇护的空间极易转变为强制患者"待"着、加以监视的空间，最终"待"着变得痛苦，导致黑色物质充斥其中。为了"待"

着而"待"着成了噩梦。所以说，日间照护机构一直隐藏着容易沦为收容所的种子。

躺在医院的病床上，我思绪万千。

为什么我的身上会流出黑色的血？想到黑心日间照护机构对待成员们的方式时，我才逐渐明白此中缘由。

获得较高薪资的我们，出卖了接受照护、一直"待"着的权利。反正总有新人前来，因此不必思考如何让员工"待"下去，员工的权利遭到蔑视。

照护者得不到照护，黑色物质便涌现了出来。这不仅仅是我一个人的问题。照护机构、儿童福利机构、学校老师、心理医生都是这样。在全日本的照护机构和照护人员中，类似的情况不断发生。有些地方因为薪水过低，所以无法"待"着，有些地方虽然薪水很高，却也难以"待"着——之前提到的E诊所就是如此，那里每年都有员工陷入抑郁，每年都会出现大规模离职与招聘的状况。

提供照护的场所往往暗藏着沦为收容所的种子。不仅接受照护的人容易"待"不下去，提供照护的人也会因为权利受到忽视而"待"不下去。

为什么呢？为什么员工和患者都容易感受到威胁而难以"待"下去呢？到底发生了什么呢？

谜题仍然没有解开。正在此时，有人走到我的床边。

"你好吗?"比嘉美沙和医务助理女孩优花来探望我,"我们把你的东西带来啦。"

优花进来后看到我在输液,吃惊地说:"咦?东畑先生病得很重吗?啊哈哈,有点夸张搞笑呀。"

"不是哦,我吐的血是鲜红色的,不是暗红色的。"

"大家都说你被诅咒了。"比嘉美沙受不了地说道。

我想不是没有可能,于是承认道:"可能我真被诅咒了。"

"保重啊。"比嘉美沙继续说道,"明天能来吗?"

"可以的,因为血是鲜红色的。"

"鲜红色的就好,那明天见。"

"对了,比嘉美沙,"我叫住正要离开的她,"你知道今天是什么日子吗?"

"啊?我不知道呀。"

"今天是我的生日,我三十一岁了。"

"哇,生日快乐!"优花说。

"今年一定会平安顺利,"比嘉美沙笑了,"毕竟开头就很棒呀。"

所以,我无法忘记这一日。

"待"着好难啊。

只是"待"着

可能是受到诅咒,也可能是看到鲜血时受到冲击,之后我彻底破防。原本紧绷的神经一旦放松，就难以再次振作起来。

"这不是压力引起的胃溃疡，也不是致命的癌症，只是迅猛吐出宝矿力的时候，划伤了食道而已。我还不至于被这点压力搞垮。"虽然我强作镇定，但事实上早已一败涂地。

明明难以"待"下去了，但我还是"待"在这里。

除了被诅咒之外，我并没遭受其他攻击。不，或许发生了什么，但我并不确定，即便有也无非是些鸡毛蒜皮的小事。总之，我对这段时期几乎一点印象也没有，一切都是支离破碎的片断。人一旦无法"待"着，就会失去体味各类事物的能力，身心都变成半透明的状态。

说是"待"在这里，却没在；说是没"待"在这里，却又在。

威胁围绕四周，庇护消失无踪，在这样一个危险的地方，我的幽灵状态更加严重。早上起床上班，负责心理咨询和日间照护，傍晚回家睡觉。我就像被放进洗衣机的毛绒玩具，随着漩涡般的水流不停旋转。

我关闭心扉，装出一副无所谓的样子，"只是'待'着"。日间照护病房中曾经让我感到永无止境的停滞时间，现在变得转瞬即逝。我还没有搞清楚自己是否存在，时间就悄悄消失了。我甚至不再无聊，因为我故意麻痹自己，借此熬过在这里的最后时光。

但是，更大的不幸悄悄逼近。我2月去导师介绍的医院面试，刚到3月就收到了未被录取的通知。

其实之前就有失败的预兆。那份工作是任期制，薪水也不高，当时面试官就说："留在原来的工作单位不是更好吗?"我无法坦白实情，更无法说出"'待'在那里很痛苦"。

我那时面临的状况非常复杂，更不想当场暴露内心的脆弱；当自己真的感到"待"着受到威胁时，很难跟别人开口。人越是困苦，越会对自己感到羞耻，只想隐藏起来，就显得无所适从。

话虽如此，这个通知对我来说还是晴天霹雳。"一心想要自力更生"而来到冲绳的我，在导师介绍工作后，深刻领悟到"人生还是要靠关系的，我太自傲自大了!"。于是，我下定决心"从现在开始努力建立人脉"，但天不遂人愿，真是残酷的现实啊。

这样一来，辞职后我百分之百要失业了。虽然冲绳的临床心理医生不多，认真找的话应该还有工作，但我不想留在当地了。即便现在立刻向本州的单位投递简历、参加面试，也不可能在4月之前搬家，毕竟已经是3月了。

更严重的是，我完全提不起精神，整个人灰心丧气。这不是工作环境造成的。虽然幽灵化的状态让人难受，但临近尾声，怎样都能熬过去。

并非什么具体的问题，而是我对自己的整个人生感到绝望。自始至终，我只想认真钻研临床心理学，一边实践、一边研究，同时借此维持生计。我的期望不过如此，我不想要保时捷，也不想摘月亮。

所以，我去冲绳是为了从事临床工作，而且坚持每天早上撰写论文。我确实犯了各种错误，不仅疏忽大意，没看清现实，可能还有些清高。同样的情况下，别人也许做得更好。但是，即便我纰漏百出，难道就要被逼上绝路吗？我是因为心比天高，所以得为如今这般的悲惨结局担起全部责任吗？再强调一次，我没想过去摘月亮。

我连一个任期制的非正式职位都应聘不上，眼看就要失业。就像被人脱光衣服赶入森林，我被迫进入异常状态。

或许，我的人生选择本就是个错误吧。

那时，我对毁灭整个人生的临床心理学感到绝望，对自己失望透顶。无论如何，照我当时的状态再去寻找其他工作，大概都难以胜任。从事临床工作，并从中探究学问，这便是临床心理学。话虽如此，但我失去了原来纯粹的信念，也不认为自己能为了临床心理学献出未来的人生。

我需要时间，我需要重新站立起来的时间。

我那时可能已经死过一次了，或者说，我的临床心理学生涯一度崩塌。

我得再生，为了重新投入临床心理学，我需要时间思考。

我为何会陷入这样的境地？哪里出了错？我忽略了什么？

我必须解开谜团，在确定的现实之上，重新规划人生。如果我要再次投身于临床心理学，必须站在夯实的基础上重新开始。

为此，我需要时间。

"别担心，让我们先来观察一下。"

是的，我要花一些时间；在时间的流逝中，持续地仔细观察、思考。我来到日间照护病房，与护士们一起工作，学会了这一方法。

给自己一点时间，船到桥头自然直。实在不行，就先领取失业保险好了，所以不用焦虑，慢慢来，死不掉的。让我耐心地花些时间，洞悉打败自己的真凶，再思考未来。

是的，我输了。输的时候，不要慌乱焦躁，要稍微停下脚步，按兵不动，好好利用时间。

首先，我们必须过好每一天，不要赶时间。只有这样，一切才会重新开始。

"一切总有办法，让我们先来观察一下吧。"

我在绝境中重新振作。

我恢复了午休时的棒球练习。留给我的日子不多了，哪还有睡午觉的时间。我已经不再思考如何隆重地告别了，这种方式放在心理咨询室中就够了。在日间照护病房中，我还是想轻描淡写地度过剩下的时间。但我必须好好工作，不是作为幽灵，而是作为真正"待"着的人，跟随日常打转。

我练习接球、击球，结束后，与成员们一边喝着 39 日元的可乐，一边侃大山——也就是闲聊，每次谈论的话题基本一样。

我们会聊天气，聊如何接弹跳球，聊巨人队今年集训的新闻，虽然一遍遍谈论同样的话题，但丝毫不觉得厌倦。像是制式化的习惯，不管怎样，我们还是一次次地聊天。

我会倾听康夫的人生故事。自从入职以来，我几乎每天都能听到康夫讲述他的遭遇，相同的话语听了不下千遍。有时我会问他："你年轻时是怎样的？"有时康夫会主动发问："你想知道我的事情吗？以前，我可是个大混球。"总之，我不断倾听康夫诉说他的故事，认真度过循环往复的每一天。

康夫一直被两个黑社会人士紧追不舍。这两人一个体形高大、手持匕首，一个身材矮小、拿着手枪，他们已经追赶康夫二十多年了。现在，他们追至康夫身边，有时会在诊所看到他们，有时会在体育馆发现他们偷看排球比赛。每到这时，康夫就会马上躲起来。

康夫说"我从生下来就倒霉透了"，实际上，他毕业于一所著名高中，之后还考入首都的某所公立大学，称得上是精英。然而，在大学期间，康夫被黑社会盯上了。

那时康夫的生活"相当不堪"，他酗酒、赌博，与许多女性都发生过关系。"那时我真是个流氓，糟糕透了。"

因为他交往的一个女性与黑社会有些关系，好运就走到了尽头。那两个黑社会人士要求康夫支付精神损失费，由于数额巨大，他承担不起，便逃走了。"我当时慌忙逃走，跑得很快，一溜烟就没影了。"

然而，那两个黑社会人士还是追了上来。他们在康夫住所的碗橱上安装了窃听器，在冰箱上设置了监视器。尽管险些遭到绑架和监禁，但康夫总能在千钧一发之际敏锐察觉危险，并侥幸躲过一劫。

此后，他变得糊里糊涂，只能退学回到冲绳，住进医院。接着，他被诊断出精神分裂症，收到了身障手册，开始每天前往日间照护病房。

一到日间照护病房，康夫便吃惊地发现，黑社会和这里达成了"合作"。高江洌部长、大先生、新一都是黑社会人士，为了监视他才被派至此地。对康夫来说，练习棒球是了解自己境况的时机。那两个黑社会人士究竟掌握了多少信息？何时会绑架自己？康夫打棒球时会不断收集情报，始终保持警惕。不知不觉间，他在日间照护病房待了十年。

"我以前是个混蛋，但现在对酒精、赌博和女人都毫无兴趣了。"康夫每天都会对我这么说，还会重复一句固定台词，"黑社会很可怕。"

"黑社会很可怕。"我每天也都这么听着。

康夫的生活就是如此，每天毫无变化。时间到了，就来日间照护病房，小心地躲避黑社会的监视，度过一天。他偶尔会捡起烟蒂抽几口，然后吃午饭。有时他会参加棒球练习，有时会翘掉，接着喝茶、抽烟、回家。他每天都被两个完全不会变老的黑社会人士穷追不舍。

康夫的日常循环往复，在我来之前就是如此，在我走之后肯定依旧如此。圆环持续绕圈，不只是明天，十年后康夫应该还是会重复这样的生活。

康夫"只是'待'着"。

即便经历种种事情，他也依旧"只是'待'着"。

"这样就可以了吗？"

不知从哪里传来了声音。这是四年间，不断在我内心回响的声音。

"这样就可以了吗？只是'待'着就可以了吗？如此循环往复，真的好吗？"

我总是含糊不清地回应道："大概……可能这样就可以了吧。"

"真的这样就可以了吗？"

"我不知道。但不就是这样的吗？"

这样就可以了吗？

…………

这样就可以了吗？

你这家伙，你这个不认可"只是'待'着"就可以的家伙，一直不断地伤害我们，真正的凶手就躲在你那里吧。

会计之声

在日间照护病房的神奇国度，从入口到深处，都呈现出

"只是'待'着"的状态。

刚来到日间照护病房时，面对"只是'待'着"的状态，我感到十分困惑。这里没有什么可做之事，高江冽部长只说了一句"你暂时先坐那儿吧"。我手足无措，没有想到"只是'待'着"就是工作。但事实上，这份工作的本质就在于"只是'待'着"。因为日间照护病房的神奇国度是为了支撑患者"待"着才出现的；而这样"待"着，需要与他人共同"待"着才能成立。就像存在感降低变成幽灵的我为了"待"着，需要在乒乓球室和成员们一起"待"着，为了让成员们"只是'待'着"，我也要让自己"只是'待'着"，这便是我的工作。

但事实上，"只是'待'着"的状态，不是那么容易就能被接受的。

没有人会不假思索地否定"待"着的意义。人即"human being"，所以"待"（being）是根植于我们本性的东西。无论一个人的工作能力有多强，如果无法"待"在工作单位，一切就毫无意义。"待"着极为重要，这点不言而喻。

但是，"只是'待'着"有时确实让人感到不安，其中有一些让人难以立即接受的东西。所以，我的脑海中不断传来"这样就可以了吗？"的质问，这个声音令人苦恼。

到底是谁？到底是谁在质问"只是'待'着"的意义？

是会计，这个声音来自会计规则。

会计需要监督预算执行是否合规、预算计划是否合理，分析成本效益、评估可得收益，从经营管理的角度来判断某一项目是否具有价值。

面对会计的反复质问，"只是'待'着"让人感到难堪。因为"只是"两字，原本就隐含否定常规社会价值的意味。难以回归社会、自食其力，或对他人有所助益，"待"着依然自有道理，这便是"只是'待'着"。从强调效率、生产的会计角度来看，"只是'待'着"完全大错特错。

但是，日间照护病房必须认可这种状态，才能维持运转。因为大多数成员除了此地，难有立足之地。

康夫以"只是'待'着"的状态过了十年，还要继续过下一个十年。不仅是康夫，许多人都是"只是'待'着"，一直留在日间照护病房。这里本应是医院和社会的中途站点，却变成了成员的"最终归宿"。如果否定这一点，他们便很难继续"待"在这里。只有认可"只是'待'着"的状态，他们才能安心"待"在这里。

这也是照护工作的基础。

但是，要想维持"只是'待'着"，政府每天需要为每人投入近1万日元的社会保障资金。想到工资由此而来，我们就会非常不安。会计之声让我们如坐针毡。

"这样就可以了吗?"耳边不断传来会计宛如歌剧演员般洪亮、悠长的声音。这句质问响彻室内的各个角落，渗入我们的内心深处。

日本背负着巨额债务，面临少子化、老龄化问题，国家税

收减少，社保支出剧增。在如此有限的预算里，还要花费金钱
维系"只是'待'着"的日间照护，真的没问题吗？难道不能提
高效率、提高产能吗？会计男中音般的质问步步紧逼。

这并非理念层面的问题。实际上，正是财务问题导致居所
型日间照护日渐式微，相关机构的诊疗费用受到削减。在最近
一次针对费用的修订中，添加了以下举措：

除因精神疾病住院超过一年的重症患者，接受日间照护超
过三年的患者，如果每周频率超过三天，从第四天起费用减
少 10%。

也就是说，长期在日间照护病房中"只是'待'着"的成
员的医疗保障金将减少。日间照护病房不再是让患者"只是
'待'着"的地方，而应成为让患者尽快回归社会的机构，会计
之声明确指出了任务。

这一改变是由之前提到的黑心照护机构的相关报道引发的。
E 诊所为了骗取国家福利金，利用了患者"只是'待'着"的状
态。他们禁锢患者，从而谋取利益。丑闻曝光之后，居所型日
间照护机构逐渐减少。对此，古屋龙太给出了如下建议：

今后，日间照护机构需要进一步明确治疗、康复的方法，
并提供证据。如果不能消除现有的负面形象，不能展现有别于
社会保障服务的康复方法和治疗业绩，日间照护机构将难以

维系。[1]

上文强调的是心理治疗，不是心理照护。心理治疗会成为优先事项。

所以，会计拥护心理治疗。心理治疗会让人们看到变化，相对来说是获益的项目。比如，帮助患者重新回归职场或学校，这样就能提高产能，增加税收。从会计角度来看，心理治疗是能够获取利益的投资。

与之相对，会计轻视心理照护。照护是维持不变、提供保护、消耗资源的行为。如果"待"着的状态最终与生产相关，或许可以轻松预估价值，遗憾的是"只是'待'着"无法转化为产能。所以，心理照护不是投资，而是支出的经费。

心理照护和心理治疗是人际关系的两种类型，原本并不存在高低之分，但会计显然更倾向于后者。

大家的工作单位不也是如此吗？公司会花费巨额资金购买最为先进的电脑，但是本来免费提供的咖啡不知不觉就变成了要在自动售货机投币购买。公司会积极投资，却会减少经费。

同理，脑外科手术的费用贵得离奇，但消减病人术前不安的谈话安抚服务及术后的康复照护服务的费用却很少。功能性

1　古屋龙太：《精神科ディケアはどこに向かうのか》，《精神医療》第 89 期，第 9 页。——原注

复健的复职训练不断扩充，居所型照护却不断缩减。

我想说的其实很简单。

治疗创造经济效益，照护则难以产生利润。

会计认同市场规律，倾向治疗，排斥照护。

带来变化、产生效果、创造价值——这是会计追求的目标。

这自然无可厚非。财政资源有限，必须有效使用，将预算投进有所回报的项目。因此，日间照护机构的各项指标必须透明化，以便评估成本对应的绩效。面对光明正大、公正公平的会计规则，我们难以辩驳。

我们很难阐明"只是'待'着"的社会价值，也不知道如何说明成为患者最终归宿的日间照护机构为社会带来的经济价值。照护的价值本来就很难用经济学术语加以说明。

其实，现在有不少人尝试阐释照护的价值，医疗经济学学者、福利经济学学者都在挑战这一棘手问题，试图定义模糊不清的"只是'待'着"，用言语表述其价值。

但是，一旦以会计也能理解的市场用语说明"只是'待'着"的时候，就会面临更大的压力——"应该实行更为高效的运作模式"。"这样就可以了吗？"会计之声愈发洪亮。

其实，这种做法完全是错乱的，就好比给不该出现在商店的东西强行标价。

哲学家法比耶娜·布吕热尔（Fabienne Brugère）对此做了

以下说明：

> 讨论与"照护"相关的意识形态背景时，我们会发现社会已经不再重视它的伦理特性，而是改从经济收益、经营管理的基准加以评估。"照护"关心的是身体和亲密性领域的问题，但这点在新自由主义的管理模式中被完全忽视。[1]

这段表述可能有些晦涩难懂。布吕热尔的意思是，如果打扫房间每小时 2 000 日元、洗碗每小时 1 500 日元，家庭主妇提供的服务都用金钱来衡量的话，事情就会很奇怪。即便支付再多的金钱，依旧十分奇怪。这是因为以亲密的"依赖"为基础的照护，本就不在"自立"的个人构成的"市场"之内。

真是很奇怪，好比在足球场外面的公园花了一天画画的人被指责"你这家伙，今天一个球也没踢进去呀"。一个不踢球的画家，却被别人用足球的标准加以评价。

这又好比希腊神话中的迈达斯国王。他无比喜爱黄金，于是祈求自己摸过的所有东西都能变成金子。他的愿望实现了：当他伸手去取食物时，食物变成了金子；当他拥抱深爱的女儿时，女儿变成了金子。这其实是个悲剧。面对食物，他希冀的是美味，而非金子；面对女儿，他渴求的是亲情，也非金子。

画家的价值不能用进球数来评判。迈达斯国王不能因为想

---

1 参考 *L'Éthique du «Care»*，此处引自日译版《ケアの倫理》，第 80 页。——原注

要黄金就去触摸女儿。同理,"只是'待'着"的状态也不能以市场价值来衡量。

但是,现实是残酷的。这种架构是当今社会的根基。我们难以脱离市场而生活,加上社会日趋复杂化,我们本身也抗拒不了"自立的个人进行自由交换"的魅力,所以根本无法摆脱市场的影响。即便有这样那样的情况或崇高的理想理念,只要耳边传来会计之声的质疑"你这样能维持基本生活吗?",我们就会哑口无言。这便是我们的世界。

我们无法反抗"这样就可以了吗?"的质疑。不仅如此,生活在市场中的我们,自己就会发出质问:"这样就可以了吗?"

如此一来,"只是'待'着"就变质了。

真正的凶手显露端倪。

还差一点就可以结束了。

证据与效率之光

真正的凶手就躲在我的内心深处。

我之前埋下了一些伏笔。烦请大家回想到目前为止的故事,或者重读第一章。

我曾经高度评价心理治疗,对心理照护不屑一顾。我深刻内化了会计之声。因为想从事心理治疗工作(而非心理照护),我才来到冲绳。结果,面对"只是'待'着"的状态,我一时不知所措，坐在接送车的驾驶座上深感绝望。一句句追问照护市场价值的声音"这样就可以了吗?"，其实来自我的内心深处。

我们的内心总会发出会计的质疑之声。作为劳动者或经营者，就不断追求产能和效率；作为消费者，就计算性价比。每个人都是如此。

人类学家玛丽莲·斯特拉森 (Marilyn Strathern) 将这种社会运行模式称为"审计文化"(audit culture)。世界中的人事物皆要接受会计审查。大学、医院、中学、公司、社区中心、幼儿园，所有地方都必须具备透明的会计制度。

你所在的环境不也是如此吗? 想购买一支圆珠笔，得填写申请文件；希望公司提供现煮咖啡，也需要凭证，还得说明为什么不能喝更为便宜的速溶咖啡。PDCA 循环、投资组合等专业术语总在质问我们:"这样就可以了吗?"

这一问题甚至侵入我们居所的角角落落。过去隐藏在昏暗中避人耳目的庇护所，现在也回响着洪亮的会计之声。我们得不断回应"取得了多少成果""投入有没有相应的回报""有没有更具效率的运作方式""请履行说明义务""请提交相关文件"。我们的居所被要求提供证据、展现效率。透明之光照射进来。

这是证据与效率之光，审计监督需要的透明之光。

这束光使得庇护所恶化为收容所。

哲学家福柯指出，收容所的原型就是"全景监狱"。这是一种由中央塔楼和四周环形的囚室组成的建筑。因此，身处其中的每个囚犯时刻感到自己在被监视。收容所就是一个完全透明可见的地方。

而庇护所并非完全透明，一旦回响起会计之声，就会立刻变成收容所。

在伙伴之间开始的学习会是庇护所，但一旦发展成学会，就变为了规章制度透明化、可视化的收容所。地区的槌球同好会是庇护所，一旦得到政府的资助，就变为了制定规矩、提交报告的收容所。

庇护所在获得经费或资助后就会变成收容所。

会计是庇护所消亡的源头。这束光照亮了庇护所里的每一个昏暗角落，将其变成收容所。

保护罪人的庇护所，在被要求展现效率、提供凭证之后，就会变成统一管理罪人的收容所。

这里，请看这里。真正的凶手就藏在这里，请张大眼睛仔细看看。

"这样就可以了吗?"会计之声不断回响，"只是'待'着"的价值逐渐消失，庇护所变成了收容所。这一刻，隐匿于我们内心的真凶如雾般慢慢聚拢成形。

```
看不见"只是'待'着"的价值。

↓

然而，"只是'待'着"的状态可以赚到钱。

↓

因此，为了赚钱，需要"只是'待'着"的状态。
```

虚无主义，这家伙才是真凶。

虽然看不见"待"着本质上的价值，但是出于"可以赚钱"这种荒唐的理由，便强迫人"待"着，"待"着就成了赚钱的手段。

黑心照护机构正是在这种虚无主义之下产生的，以经济收益理念来管控"待"着。不仅如此，照护者在各类照护机构中感到痛苦也是源于虚无主义。一旦要计算支撑"待"着的成本，照护者能否"待"着就完全被忽视了，他们成了用后即弃的消耗品。收容所吞没了一切。

照护很痛苦。

照护随时受到虚无主义的威胁。每当照护的奥义——"只是'待'着"被会计之声质问"这样就可以了吗?"，被证据与效率的透明之光照射，就会受到伤害。一旦无法承受，虚无主义便诞生了。

"津久井山百合园事件"就是一个极端案例。一名前照护人员闯进了之前就职的身心障碍福利机构，杀害了多人。这名前员工将这里的患者称为"失心者"，他认为从经济角度来看，让他们安乐死是一种社会正义行为。他被潜伏在照护之中的虚无主义彻底侵蚀。当虚无主义发展到极端，就会否认"待"着的状态。

"再多一点光。"

文学家歌德去世前说的这句话，将我们的心灵关进了透明的监狱。会计之光照向"只是'待'着"的状态，照进隐藏于迷雾、被帷幕遮掩的无法透视的庇护所。于是，居所的每一个角落都射进了光线，如下图漩涡一般循环往复的平凡日常，在透明之光的笼罩下一览无余。

"这样就可以了吗?"再次传来会计之声。

日常如此循环往复，日间照护病房才能成为居所。一旦效率和证据之光照射进来，每一个事项的成本效益都会被仔细推敲、检讨，居所就开始崩塌。不去捡地上的烟头不是更好吗？一切都要追求制度、规则的透明化。这样一来，圆形的循环就被打破，"只是'待'着"的状态化为了碎片。

　　"只是'待'着"在重复的日常中才具有价值；一旦化为碎片，肯定会失去价值。如下页图所示，一旦没了原本的连贯性，完整的圆就会变成怪异而无意义的片断。

　　如此一来，居所便不复存在。因为对于生活艰辛的人们而言，就是这些看起来没有意义的片断构成了藏身之处，其中存在自由。

　　在遍布透明之光的世界里，原本模糊不清、自由不拘的庇护所，变成了受到严格管控、彻底失去自由的收容所。

　　"只是'待'着"名存实亡，剩下的只有虚无主义。当人们开始追求"只是'待'着"的成本效益时，"只是'待'着"就变为了由成本效益构成的产物。

　　作为照护根基的"待"着，因市场逻辑而衰败、崩塌。

　　虚无主义诞生了。

　　虚无主义才是真凶。

　　在日间照护病房中，我明白了我们现在正生活在这样的世界。我与试图遮蔽效率与证据之光、苦苦支撑"待"着的人们一起努力，但最后败得一塌糊涂。虚无主义从外部袭击我们，

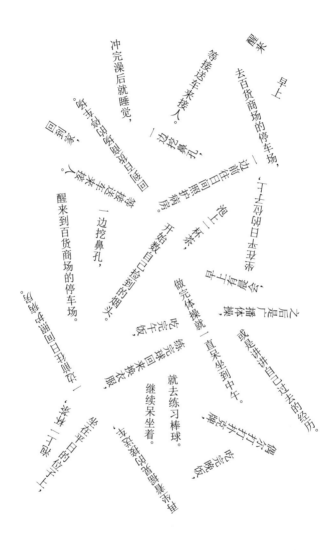

从内部侵蚀我们。

因此，"待"着好难。

告别

时光荏苒，转瞬即逝，每天重复的生活未曾停下。眨眼之间，就到了3月下旬，那霸的各个地方都开了空调。终于到了我在这里的最后一天。

这一天与平时如出一辙。参加会议，然后坐在日间照护病房，玩有趣的UNO牌和扑克牌，再坐着发呆，"只是'待'着"。

但是，最后一天多少还是有点不同。淳子给了我更多润喉糖，还催我喝可乐。玉木与我聊天，他以为我会回本州，于是跟我谈起以前去大阪旅行的事情，提到北新地的炸鸡非常美味，推荐我一定要去。隆二代替我帮大家洗牌。每个人都微妙地温柔起来。看来他们都意识到我要走了。我也有些忧伤，但还是努力保持与平时无差的步调。

午休时我们去打棒球，这是最后一次练习。离开之后，我可能永远不会再碰棒球了，也许连棒球手套都不会留。但我没有多少感慨遗憾，我不是狂热的棒球迷，即使一辈子不碰棒球也完全没关系。说到底，这只是一种打发时间"待"在这里的方式。

我和康夫一如既往地练习传接球。3月底的那霸，阳光已经非常刺眼了。我汗流浃背，拼尽全力地投球。无论投出什么球，

304

康夫都能轻松地接住，并慢悠悠地扔回给我。突然，他难得地向我提了一个问题："东畑先生，你接下来要去哪里？"

"去哪里，什么意思？"

"你要回本州吧？"

我没有告诉成员们自己换工作失败的事情，因为大感受伤，就一直没和别人说。但是，当康夫以漫不经心的口吻提问时，我突然觉得这好像也没什么大不了的。

"计划取消了，工作没换成。"

"是吗？"

"是的，失败了。明天还是在冲绳，就在冲绳当个'无业游民'。"听我这么说，康夫咧嘴笑着点头。在3月的阳光下，他参差不齐的牙齿闪闪发亮。

一说出自己即将是个无业游民，我就觉得这真的没有什么大不了的。除了我之外，世界上还有很多无业游民，仔细想想，康夫也是无业游民。

"那挺好的。"康夫一边投球，一边说。

"挺好的？"我接住球，问道，"为什么？"

"最好别再待在黑社会了。你原来是打算回本州重新加入黑社会的吧？"

我笑了。原来，康夫一直认为我也是黑社会的人。

"最好别干了。杀人、勒索、绑架都不好。"

"是啊。"我说，"我会告诉组长，我要退出组织。"

"太好了。"康夫认真地说。

"嘿，康夫！"我投球。

"怎么了？"康夫接住球。

我试着问他："该怎么办呢？我明天就要当无业游民了。"

"嗯……"康夫歪着头思考，把球传给了我。片刻过后，他咧开嘴笑了起来。

"来日间照护病房吧。这里有饭吃，还能喝可乐。"

我笑了起来，原来还有这个办法。"好啊，就这么办。黑社会也奈何不了我，真不错。"

"确实不错。"

我把球投回给康夫，微风吹拂而来。

一眨眼，告别的时刻到了。这是一场肃穆的告别。

在离开前的会议上，我简短地说了几句。

"四年来，我过得非常愉快，很高兴能遇到大家。"

我的道别极为普通，但没关系。普通和平凡就是照护的核心。

大家为我鼓掌，淳子哭了。每当有人离开，她总是会哭，然后很快又恢复平静。她的日常生活就是这样不断地重复。这是她花了四年好不容易才得到的生活，我曾经和她一起度过。

毫无疑问，我离开后会有其他人来填补我的位置。这有点令人沮丧。我想，大家很快就会忘记我。大先生、高江洌部长、新一曾经是那么不可或缺的存在，但一旦离去，大家对他们的记忆就会褪色。日间照护的轨迹不是线，而是圆，这里没有历史感。所以，我曾工作于此的事实肯定会日渐模糊，最后消失不见。

不过，这样也好。世间之事，大抵如此。

不，这样就可以了。这便是日间照护，这样就好。

我在日间照护病房的门口与成员们挥手告别。

"保重啊。""加油啊。""期待以后有机会再见。""谢谢了。"

大家的临别赠言也很平常。这样就好。平常之语非常温柔，感觉为了不伤害我，大家隐藏了各种情绪。

我与成员们一一击掌或拥抱。与玉木拥抱，与百合击掌，汗水交融，混合在一起。

我最后说道："再见了。"

"再见了。"成员们挥手跟我告别。

我目送着他们离开。离开日间照护病房的人是我，却是我目送他们离开。我是工作人员，所以不应由成员目送我，而应由我目送成员。

康夫的态度一如既往。"那么，再见。"他照常小声说道，微微抬手挥别，仿佛下周一还会再见。

我也像下周还会再见一样与他击掌，说了声"再见"。

"那么，再见。"康夫再次说道。

我也再次说道："再见。"明明是极为普通的话语，但因为今后没有机会了，所以我又说了一遍。

再多一点光

目送大家离开后，我开始整理东西。

我把放在咨询室和更衣室的私人物品整理好。其实已经没有太多东西了，这一个月，我一直在准备离开事宜。

我提着小包，走出日间照护病房的大门。

我走出了四年前步入的大门，失去许多之后，我最终要离开这里了。进来时我是刚拿到博士学位的临床心理医生，离开时则成了无业游民。我到底失去了什么，又得到了什么？

比嘉美沙和优花正在停车场等着我，我坐进她们的车里。

"辛苦了，哈哈！"开车的优花安慰我道。

"你没被诅咒害死，真是太好了，咚锵。"比嘉美沙在副驾驶座上抽着烟。

"是啊，真是好事。"

"啊，咚锵，还有样东西要还给你。"比嘉美沙指着后座的袋子说，"谢谢啦。"

"不客气。"

我也从包里拿出一个袋子递给比嘉美沙。

"这是给你的礼物。真的谢谢你一直以来的照顾了。"

在日间照护病房中，离开的人通常会送礼物给留下的人。我收到过很多东西。

因此，离开的我也给还留在这里的比嘉美沙准备了礼物。

"咚锵给别人送礼物了，真是罕见。送的什么呀？"

"打开看看。"

比嘉美沙打开袋子，然后笑了。"哎哟！是这个呀！"

是一支录音笔。我把借给她的录音笔要了回来，然后送了她一支新的。

"谢谢。我正在想还给你后，该怎么办好。"

"要活下去，这是必备品嘛。"

是的，我们已经艰难到迫切需要这样的东西了。

"今年夏天我也打算辞职。"比嘉美沙突然说道。

"哎呀！"优花吓了一跳，一脚踩下刹车，"别啊，你辞职的话，我真的就要死了。"

"笨蛋！好好开车。"

黑色轻型车迎风疾驰，一阵舒爽的风吹入车窗。车内音响播放着妮琪·米娜的歌曲。她们今天是不是还要去夜店呢？仔细想想，在来日间照护病房工作之前，我基本没听过欧美流行音乐。我和先前从来不会接触的人一起在这里工作，并且一直得到他们的扶持，所以我说：

"比嘉美沙、优花，谢谢。真的多亏你们，帮了我大忙。"

"确实，我也这么觉得。"比嘉美沙笑了，接着她又说道，"不过，我很开心。"

"嗯，真的很开心。"

是的，很开心。日间照护病房这个神奇国度的确是一个快乐的地方，种种回忆涌上心头。

但我回想起来的并非什么特别的活动、典礼，而是无限重复的风景。

南风原在排球比赛中错过传球的景象、隆二进入击球区时漫长的仪式、裕次郎挖鼻孔的模样，许多事情浮现在脑海中。

在阳光明媚的日间照护病房里，我们不亦乐乎地玩着抽积木的游戏；比嘉美沙不小心弄倒了木块，玉木乐不可支地笑着；淳子走过来拾起掉在地板上的木块；大先生在冲泡大麦茶，康夫在一旁帮忙；新一在打理棒球手套，百合开心地注视着新一。

然后，我想起了第一次能够安心坐着的那一天。我想起了兴南高中在甲子园夺得夏季冠军的时候，自己放松地坐在日间照护病房里。我想起了微风吹过，第一次感到自己可以"待"在这里了。

我想起了高江洌部长坐在我对面的椅子上打盹，友香笑着说"光溜溜的"，也想起了部长光亮的秃头。

我无法很好地说明"只是'待'着"的意义，无法从理论上说服会计人员，也无法像医疗经济学学者那样去挑战这个问难。我只是一个普通平凡的心理医生，没有能力为了公益事业替"只是'待'着"辩护，或是向官僚解释此中道理。到头来，我只是一个无能为力的临床工作者罢了。

但是，我明白"只是'待'着"的价值及支撑它的照护工作的价值。因为我曾置身其中，亲眼见证过那里的风景，亲身体验过那里的生活。

所以我写下本书，希望描绘照护的风景。

"只是'待'着"是值得描绘、体味的风景。尽管日间照护只能在市场之内勉强存活，但它本质上应该在市场之外自由发展。

高江洌部长打着盹，成员们抚摸着他光亮的脑袋，这个景象的价值无法用经济学术语加以形容，无法变成数据，无法提供让官僚满意的证据。

它只能用随笔的方式叙述，用"只是'待'着"值得的方式描绘。

我们需要不断讲述日间照护的故事。为了让照护者继续照护，为了对抗虚无主义、守护"只是'待'着"的状态，我们必须一直讲述。这些文字能支撑照护，进而支撑患者的居所，支撑我们的居所。

居所难居。在这个市场之光照遍四处的世界里，庇护所一个接一个地变成收容所。"待"着好难！

但是，我们仍然需要"待"着的地方。如果"待"着失去了支撑，我们将无法生存。因此，新的庇护所不断诞生，即使很快就会变成收容所，下一个也一定还会出现。

为了让庇护所存留得久一些，我才描绘照护的风景，描绘高江洌部长的头顶。

请再多给我一点光。

不是证据和效率洞察一切的透明之光，而是高江冽部长油腻秃头上反射的暗淡之光。

"我们到了！"优花停下车。

我们抵达了国道旁边一家居酒屋的大型停车场。

"大家都等着呢。"比嘉美沙说道。这是为我举办的送别会和慰劳会。

店铺门口亮着"Orion"啤酒的红蓝白三色灯笼。有线音乐频道传来三味线的声音，是《安里屋协作谣》。廉价音响中传出断断续续的歌声，再见啦，啦啦啦。

我推开门，空调的凉风和啤酒的甜味扑面而来。

店铺最里边的座位上亮着一道暗淡的光，那是高江冽部长头顶的光亮。再见啦，啦啦啦。

"嘿，咚锵来了，今晚我们要喝到天亮。"部长说。

再见啦，啦啦啦。

"辛苦了。"新一笑着说，"我们先来干一杯吧。"

再见啦，啦啦啦。

"辛苦了。"比嘉美沙带头喊道，"干杯！"

再见啦，啦啦啦。再见啦，啦啦啦。

参考文献

浅野弘毅『精神科デイケア学——治療の構造とケアの方法』エム・ミー・ミューズ、二〇一五年。

有薗真代『ハンセン病療養所を生きる——隔離壁を砦に』世界思想社、二〇一七年。

ウィニコット、DW『情緒発達の精神分析理論——自我の芽ばえと母なるもの』牛島定信訳、岩崎学術出版社、一九七七年。

ウィニコット、DW『遊ぶことと現実』橋本雅雄訳、岩崎学術出版社、一九七九年。

上野千鶴子『ケアの社会学——当事者主権の福祉社会へ』太田出版、二〇一一年。

加藤寛・最相葉月『心のケア——阪神・淡路大震災から東北へ』講談社現代新書、二〇一一年。

河合隼雄『こころの処方箋』新潮文庫、一九九八年。

河合隼雄『ユング心理学入門』岩波現代文庫、二〇〇九年。

北山修『見るなの禁止——日本語臨床の深層』岩崎学術出版社、一九九三年。

北山修『覆いをとること・つくること——〈わたし〉の治療報告と「その後」』岩崎学術出版社、二〇〇九年。

キテイ、EF『愛の労働あるいは依存とケアの正義論』岡野八代・牟田和恵監訳、白澤社、二〇一〇年。

グッゲンビュール゠クレイグ、A『心理療法の光と影——援助専門家の〈力〉』樋口和彦・安渓真一訳、創元社、一九八一年。

窪田彰『精神科デイケアの始め方・進め方』金剛出版、二〇〇四年。

グレーバー、D『官僚制のユートピア——テクノロジー、構造的愚かさ、リベラリズムの鉄則』酒井隆史訳、以文社、二〇一七年。

月刊「創」編集部編『開けられたパンドラの箱——やまゆり園障害者殺傷事件』創出版、二〇一八年。

国分功一郎『暇と退屈の倫理学　増補新版』太田出版、二〇一五年。

国分功一郎『中動態の世界——意志と責任の考古学』医学書院、二〇一七年。

ゴッフマン、E『アサイラム——施設被収容者の日常世界』石黒毅訳、誠信書房、一九八四年。

小林エリコ『この地獄を生きるのだ——うつ病、生活保護。死ねなかった私が「再生」するまで』イースト・プレス、二〇一七年。

今野晴貴『ブラック企業——日本を食いつぶす妖怪』文春新書、二〇一二年。

サミュエルズ、A『ユングとポスト・ユンギアン』村本詔司・村本邦子訳、創元社、一九九〇年。

ジジェク、S『事件! ——哲学とは何か』鈴木晶訳、河出書房新社、二〇一五年。

精研デイ・ケア研究会編『改訂精神科デイ・ケア』岩崎学術出版社、一九九七年。

セン、A『福祉の経済学——財と潜在能力』鈴村興太郎訳、岩波書店、一九八八年。

千野帽子『人はなぜ物語を求めるのか』ちくまプリマー新書、二〇一七年。

デカルト、R『方法序説』谷川多佳子訳、岩波文庫、一九九七年。

中井久夫『世に棲む患者』ちくま学芸文庫、二〇一一年。

中井久夫・山口直彦『看護のための精神医学　第二版』医学書院、二〇〇一年。

中沢新一『悪党的思考』平凡社ライブラリー、一九九四年。

中藤信哉『心理臨床と「居場所」』創元社、二〇一七年。

夏目琢史『アジールの日本史』同成社、二〇〇九年。

日本デイケア学会『新・精神科デイケアQ&A』中央法規出版、二〇一六年。

広井良典『ケア学——越境するケアへ』医学書院、二〇〇〇年。

フーコー、M『監獄の誕生——監視と処罰』田村俶訳、新潮社、一九七七年。

ブルジェール、F『ケアの倫理——ネオリベラリズムへの反論』原山哲・山下りえ子訳、白水社、二〇一四年。

古屋龍太「精神科デイケアはどこに向かうのか」『精神医療』第八九号、二〇一八年。

フロイト、S『フロイト全集15 精神分析入門講義』新宮一成ほか訳、岩波書店、二〇一二年。

ヘンスラー、O『アジール——その歴史と諸形態』舟木徹男訳、国書刊行会、二〇一〇年。

ホックシールド、AR『管理される心——感情が商品になるとき』石川准・室伏亜希訳、世界思想社、二〇〇〇年。

松木邦裕「「抑うつ」についての理論」松木邦裕・賀来博光編『抑うつの精神分析的アプローチ』金剛出版、二〇〇七年。

マルクス、K『資本論』中山元訳、日経BPクラシックス、二〇一二年。

メイヤロフ、M『ケアの本質——生きることの意味』田村真・向野宣之訳、ゆみる出版、一九八七年。

ユング、CG『自我と無意識』松代洋一・渡辺学訳、第三文明社、一九九五年。

レヴィ＝ストロース、C『野生の思考』大橋保夫訳、みすず書房、一九七六年。

Federn, P. *Ego Psychology and the Psychosis*. Imago Publishing. 1953.

Riessman, F. The "Helper" Therapy Principle. *Social Work*. Vol. 10, No. 2

(1965.4), pp. 27–32.

Strathern, M. *Audit Cultures: Anthropological Studies in Accountability, Ethics and the Academy.* Routledge. 2000.

后记

我站在高楼的阳台上。

那里非常高，令人害怕。

但我已被逼入绝境，便下定决心跳了下去。

结果，轻轻地落在了地上。

放眼望去，那里是一片长满青草的旷野。

这是我决定去冲绳工作时做的梦。我在接受心理治疗时对精神分析师提及这个梦，他笑着说："可能就是到了荒野的意思吧。"

"嗯，挺普通的解释。"那时的我感觉有点失望。

然而，现在想想，那是准得惊人的预言。前往冲绳，我确实"到了荒野"。我本想成为一名正统的临床心理学学者，最后却逐渐偏离方向。这并非我所愿，却是事实。

我在冲绳失去了很多，也得到了很多。

我得到了什么呢？

我明白了"活着"的多样性，支撑"活着"的多样性，平凡地"活着"的不易，还有即便如此，人仍要继续活下去。

写下来一看，才发现这些事情极为寻常，再普通不过。但是，去了冲绳后，我才真正深刻地理解这些理所当然的事情蕴含的意义。

即便身处荒野，人仍要继续活下去。

因此，我陆续写了和这段经历有关的作品。在《大笑的荒野医生》中，我描述了离开此地后开展的田野调查（可以说是本书的长篇后记），而在《日本常见的心理疗法》中，我叙述了在日间照护病房另一边的咨询室中发生的事情（可以说是本书的花絮）。

然而，我几乎从未写过日间照护病房的故事。应该说，我觉得自己写不出来。

的确，我在那里度过了人生中的一段时期，与患者一起生活，与援助者一起共事，待在循环往复的闭环里。

显然，这段经历带给我很多新的体验，但我不知道该如何形容，因为我觉得那是一些极为私人的事情。事实上，我曾尝试将日间照护的体验写成学术论文，但没有成功。那里发生的事情，无法用论文中的沉闷文字加以描绘。

更重要的是，在那里我确实受到伤害，所以写起来极为困难。

就这样，我离开日间照护病房已经很久了。我生活在远离那里的地方，渐渐地，忘却了赤裸裸的现实。

就在此时，医学书院的编辑白石正明先生和石川诚子女士邀请我在《精神看护》杂志上连载文章。我记得见面地点是在新宿的一间时髦咖啡馆。

当时"公认心理师"这项新的国家职业资格正好问世。因此，业内满心希望心理学在照护领域发挥更大的作用，这时记述日间照护病房的故事意义重大。

但是，我依旧犹豫不决，因为我认为那里的事情写不出来。

然而，当我们在那间咖啡馆里深入交流，又因为店家要打烊被赶至下一间咖啡馆里继续讨论时，我渐渐感觉"也许可以写写看"。我们相谈甚欢，各种景象在我的脑海之中一个接一个地浮现，于是我接受了邀约。

之后，我开始进行相关采访和资料收集，参观了各地的日间照护机构，试图弄清自己经历的到底是什么（特别值得一提的是，我从塚崎医院的北冈美世香心理医生处收获良多）。

尽管每个日间照护机构都有各自不同的风景，但我感觉它们在本质上与我自己的经历有着深深联结的共同点。我在采访的同时开始了连载。

当然，本书中描绘的成员们并非真实存在的人物。我加入了自己在采访及指导后辈时获得的想法，将之前的各种临床经验打碎、整编、重构。我描绘的不是具体的"事实"，而是照护的风景、本质、感质。不仅是成员们，其他登场人物也是如此。面对人们内心隐密世界的临床心理医生想将自己的经验写于文稿之中，唯有此法。

然后，我感受到了过去。那时的炙热阳光、成员和工作人员的汗味、吹动树叶的微风，还有在榕树下喝的退冰可乐，都在我的心中复苏。

在编辑石川诚子女士的用心帮助下，我顺利完成了文稿连载。随后，我开始将其整理成书。为了将碎片化的风景汇整成书，我需要设定一个故事世界。同时，我还需要建构这个世界秩序的概念装置。

我得到了很多人的帮助——精神科医生熊仓阳介先生、人类学家矶野真穗女士、企业家樱本真理女士，还有精神分析心理治疗专家山崎孝明先生、木下直纪先生、堀川聪司先生。围绕着"心理照护与心理治疗"，我们展开了多次有益的交流。

此外，编辑白石正明先生自始至终给予了我许多鼓励、建议和启示。在创作本书的过程中，我过度沉浸在故事世界，经常失去目标与方向，每次他都会为我提供确切的想法和宏观的"地图"。值得一提的是，白石先生总会直指问题，但又会体贴地顾及我脆弱的心灵，避免伤害。心理照护和心理治疗切实存在于本书的写作过程之中。

本书也饱含我对当时一起在日间照护病房生活的人们的衷心感谢。我将在那里的美好经历写入了本书之中，希望能够在正文里呈现几分具体面貌。最后，我想再次对所有相关人士表示感谢。

真的非常感谢大家。

好的，本书终于写完了。

在写作的过程中，我逐渐意识到本书虽然以精神科日间照护病房为舞台，但并不局限于其中的医疗行为。

其实，本书描写的是提供照护的工作人员和接受照护的患者的故事，或者说，是提供照护和接受照护的场所发生的故事。是的，这是大家的故事。

本书想要描绘在职场、学校、机构、家庭或各种共同体中支撑人们"待"着和威胁人们"待"着的事物。

若能将这些发现传递给读者，对于我而言已是无比欣喜。

东畑开人

2018 年 12 月

于一家播放着圣诞歌曲的商务酒店咖啡厅

Authorized translation from the Japanese language edition, entitled
《シリーズ　ケアをひらく》
居るのはつらいよ　ケアとセラピーについての覚書
ISBN: 978-4-260-03885-0
著者: 東畑開人
published by IGAKU-SHOIN LTD., TOKYO Copyright© 2019

Simplified Chinese Characters edition published by SHANGHAI BOOKSTORE PUBLISHING HOUSE, Copyright© 2025.

图书在版编目(CIP)数据

难免痛苦，"待"着就好 ：一名新手心理医生的笑
泪照护手记 ／（日）东畑开人著 ；胡文海译. -- 上海 ：
上海书店出版社，2025.8. -- ISBN 978-7-5458-2489-6

Ⅰ．R493-49

中国国家版本馆 CIP 数据核字第 2025W1M934 号

著作权合同登记号　图字 09-2025-0360

责任编辑　范　晶
营销编辑　王　慧
装帧设计　裴雷思

难免痛苦，"待"着就好:一名新手心理医生的笑泪照护手记

［日］东畑开人 著

胡文海 译　吉琛佳 校

出　　版	上海书店出版社
	(201101　上海市闵行区号景路 159 弄 C 座)
发　　行	上海人民出版社发行中心
印　　刷	上海商务联西印刷有限公司
开　　本	889×1194　1/32
印　　张	10.5
字　　数	209,000
版　　次	2025 年 8 月第 1 版
印　　次	2025 年 8 月第 1 次印刷

ISBN 978-7-5458-2489-6/R·13

定　　价	75.00 元